復興ツーリズム
観光学からのメッセージ

総合観光学会 編

同文舘出版

まえがき

千年に一度と言われる東日本大震災が起こって二年が過ぎようとしています。しかし、復興の過程は遅々としていて、被災地の皆様におかれましては、依然として不安と苦労の日々が続いているのではないかとお察しします。ここに改めてお見舞い申し上げます。

東日本大震災は日本の観光にも大きな打撃をもたらしました。とくに震災が発生した二〇一一年三月には、日本を訪れる観光客は激減（半減）しました。その後、観光客数は四月を底に減少幅は徐々に回復していきましたが、二〇一一年の年間訪日外国人数は六二二万人で、二〇〇八年のリーマンショックの際の落ち込みを上回りました。震災一年後の二〇一二年三月の時点で、前年同月比 九二・四％増、前々年同月比四・四％減の 六七万九千人で、全国的にはほぼ震災前の水準にまで回復しました（日本政府観光局ＪＮＴＯ〈http://www.jnto.go.jp/jpn/〉）。しかし、東北地方に関して言えば、回復したとは言い難いというのが現状です。

そうしたなかで、被災地の復興にとって観光は重要な役割を担っていると私たちは考えます。本書では、観光学の視点から「復興ツーリズム」について提言を行います。この提言を世に問うきっかけとなったのは、二〇一二年六月九日に日本大学商学部で行われた総合観光学会第二二回全国学術大会での「震災後の新しい観光」をテーマとしたシンポジウムでした。総合観光学会は、二〇〇一年一〇月に、専門分野を超えた総合観光学の確立を目指し、さらに観光地域の持続可能な発展を支える役割を担うことを意図して設立された、まだ新しく小さな学会ですが、東日本大震災が観光に与えた大きな爪痕を目の前にして、何かしなければ、という会員たちの思いがこのシンポジウムの背景にありました。シンポジウム終了後、議論をさらに広く深く発展させようと学会員以外の観光に携わっている方々にも呼びかけて、本書を企画するに至りました。

本書の復興ツーリズムに関する提言は、第一部「災害と観光」、第二部「震災から学ぶ」、第三部「震災を記憶する」、第四部「地域復興のツーリズム」、第五部「絆を求めて」の五部に分けて、行われています。

第一部では、今回の震災を契機に立ち現れた「災害と観光」というテーマを比較的大きなパースペクティブのなかで考えます。今回の地震、津波、そして原発事故により、日本の安全神話は根底から崩れました。「災害大国」である日本が「観光立国」として発展していくためには、災害時の観光客の安全も含めた観光地の安全をどのように確保していくかということが大きな課題として登場してきています。私たちはこの問題を解決していくために東日本大震災の経験からおおいに学ばなければなりません。

第二部では、「学び」がキーワードです。震災は様々な意味で学びの契機となりました。観光においても震災から学ぶ旅が生まれています。とくに南三陸鉄道の「三陸・被災地のフロントライン研修」や宮城県南三陸町観光協会の「学びのプロジェクト」における語り部ガイドによる被災ツアーなどは注目に値します。同町のホテル観洋南三陸でも、二〇一二年一月末より宿泊者に対し「語り部バス」をスタートさせて、約一時間の市内被災ツアーを行っています。さらにいくつかのＮＰＯによる被災地へのボランティアツアーというかたちでの「まなび旅」が行われています。

第三部では、「記憶」がテーマです。震災を忘却するのか、記憶するのか、被災者の選択はアンビバレントです。忘れたい、でも忘れられない、と。しかし、二〇〇四年のスマトラ沖地震と津波で大きな被害を受けたインドネシア・スマトラのバンダアチェーでは「惨事を記憶するためのツナミ観光」が行われています。阪神淡路大震災を記念して「人と未来防災センター」がつくられ、防災教育や研究に活用されていきます。東北地方でもいずれ今回の大震災を記念した施設がつくられるでしょう。アウシュビッツやヒロシマを例にとるまでもなく、「負の遺産」も観光の対象となりうるのです。

第四部では、本書全体のテーマである復興ツーリズムの具体的な取り組みが紹介されます。復興ツーリズムのあり方は、地域により、ツーリズムの形態により様々だと思いますが、各地域がそれぞれの地域の特性を生かして復興ツーリズムに取り組むことになるでしょう。また、復興は長いプロセスであり、五年、十年、あるいは二十年、三十年という時間が必要となるかもしれません。そのプロセスのなかで、人と文化の交流に基づく観光が果たす役割は極めて大きいと思います。

第五部では、「絆」がテーマです。「絆」は今回の震災が生み出した最も大切なキーワードの一つです。観光とはホストとゲストの交流によるつながりの形成です。震災後、例えば、クラブツーリズムが「がんばろう東北応援ツアー」として三陸鉄道と組んで企画した「『絆』でつなぐ三陸路」では、旅行代金の内一人千円が鳥越駅再建のため田野畑村への支援金に回されました。こうした「絆」によってこそ復興が可能になるのではないでしょうか。そして「絆」は日本国内のみならず海外にも拡がっています。

以上の五つの切り口――それらはしばしば重なり合っています――を反映させつつ、本書は、全体として東日本大震災からの復興ツーリズムを提言いたします。そして観光を通して被災地の復興が進むことを切にお祈り申し上げます。
最後に、本書を企画・編集するに当たって、同文舘出版専門書編集部の市川良之さん、大関温子さんにお世話になりました。ここに深く感謝いたします。

二〇一三年一月

総合観光学会会長
山下晋司

総合観光学会編『復興ツーリズム―観光学からのメッセージ』

目次

1 災害と観光

2 震災から学ぶ

❸ 震災を記憶する

❹ 地域復興のツーリズム

5 絆を求めて

1

災害と観光

「震災」と「観光」
―反省と復興へ―

須田　寛

平成二三年三月一一日に発災した「東日本大震災」は東北から関東の太平洋沿いを中心に甚大な被害をもたらした。とくに大規模な津波とそれに伴って発生した福島県の原子力発電所事故も加わり事態は一段と深刻なものとなった。

今回の震災によって観光の受けた被害も大きくその影響は、広範囲かつ長期にわたった。

この震災は日本の「観光」に被害と共に多くの教訓も残した。以下実務者の視点からみた今次震災にかかわる被害とその反省の上に立つ復興への着眼点等をふりかえってみたい。

◉観光関係被害の実態とその要因

このような大規模な震災の場合これまでの場合でも、その直接の被災地については、交通宿泊施設の受災や観光資源そのものの被害等から当然被災地域への観光客は減少する。

しかし今回の場合観光客の減少はその数が多いことと、減少が被災地域にとどまらず全国的にしかも内外観光客に幅広く及んだことが大きい特色であった。

観光庁の調査によれば①観光客の予約キャンセル等が被災直後から全国各地で大規模に発生、大手旅行会社三社の例で発災月の三月では外国人入国者は対前年比五〇％減三五万人、②日本人の海外旅行者も、同月で二〇％の減（四・五月にはさらに二〇～四五％減）、③日本人国内旅行者は三月二五～四〇％減、四・五月でも二〇～四〇％減（大手旅行会社パッケージツアーの例）、④国際会議も被災地は勿論首都圏においても数十件（三〇〇〇人規模以上のもの）の中止、延期、⑤さらに旅館、ホテルでも関東東北地方で四〇万人、その他地域でも一七万人の予約キャンセルがあったと報告されている。筆者の在勤する中部地域でも四月までに高山市で二万三千人、下呂で一万七千人、石川県各温泉計で八万七千人、蒲郡で二万人、静岡県では約四〇万人等観光客の予約キャンセルが相次いだことが自治体等の調査で明らかとなった。このため観光旅館等で経営悪化が目立つようになり愛知県では中小旅館について緊急の融資制度を創設する等の対応に迫られたほどである。日本政府観光局調査による国際観光客の動向も図表1の通り深刻な数値を示した。このような地域をこえて全国に及ぶ観光客の減少が発生したことは、近年その例を見ないが、この要因としては次のようなことが指摘される。すなわち、

①深刻な被害が詳しく報道されたこともあって観光への「自粛ムード」が全国的にひろがったこと

②被害の規模程度範囲等が正確に把握されず、またそれへの誤解に基づくいわゆる「風評被害」が広範囲に及んだこと

③「原発事故」という例のない事故の被害についてその内容・程度範囲が多くの誤解をよび広範囲に

観光客の減少を招いたこと等の諸点である。これらの要因についてキメ細かい対応策を講じることが今回の災害からの観光の復興の前提になると考えられる。

◉観光復興への取組み

(1)「自粛」について

被災地の悲惨な状況、多数の犠牲者が出たことが明らかになるにつれて各地で観光「自粛」の動きが拡がった。とくに全国的な大型の観光イベントの自粛、中止が相次いだ。確かに悲惨な被災地の状況を前にして観光を「自粛」しようという心情は理解できる。しかし今回の場合、自粛が広範囲長期に及んだため深刻な事態となった。しかも「自粛」の動機等を聞いてみると、何かそこに観光への誤解があるように思えてならない。すなわち、観光はただの「遊び」で消費的な行楽行動と思われているのではないかということである。観光は人的交流を促進する「文化活動」であり、また多くの経済効果を地域にもたらす重要な「経済行動」

図表1　訪日外客数および出国日本人数

	訪日外客数			出国日本人数		
月	平成22年	平成23年	伸び率	平成22年	平成23年	伸び率
1月	640,346	714,099	11.5%	1,264,299	1,282,348	1.4%
2月	664,982	679,500	2.2%	1,289,825	1,387,000	7.5%
3月	709,684	352,800	△50.3%	1,563,113	1,282,000	△18.0%

主要国別の訪日外客数の変化

	訪日外客数			出国日本人数		
国・地域	平成22年	平成23年	伸び率	平成22年	平成23年	伸び率
韓国	169,295	89,100	△47.4%	599,132	589,100	△1.7%
中国	123,314	62,500	△49.3%	336,928	267,000	△20.8%
台湾	89,524	42,100	△53.0%	284,789	232,600	△18.3%
アメリカ	71,533	38,900	△45.6%	163,841	135,700	△17.2%
香港	36,366	14,100	△61.2%	119,123	97,800	△17.9%
タイ	28,340	11,700	△58.7%	48,165	36,700	△23.8%

出所：日本政府観光局。

であるという本質が充分理解されていないのではないかと思われるのである。被災地での観光は、ともかく被害のない地域への観光は何も自粛の対象になる性格のものではないのではないか。むしろ観光を盛んにすることによって、地域経済の活性化をはかり、その効果を震災復興に還元することこそ必要ではないかと思う。今次被災地のなかでも松島が、被災一カ月後に観光施設を復旧して観光客の受入れを始めたことも、観光の経済効果を期待してのことに他ならない。

このように観光の真の意味の理解を進めること、ないしそのことへの啓蒙の必要性を痛感する。このような「自粛」からの脱皮とそれに伴なう観光イベントの復活が、観光の復興へのためにはまず必要であった。

(2)「風評被害」について

今回の震災は海外でも大きく報道され、しかも日本国内全体が被災したような誤解を多くの国の人々に与えたことが指摘される。国内各地への外国人の来訪が大きく減少したことはそれを物語る。国内でも「ウワサがウワサをよぶ」かたちで被害の範囲規模がともすれば過大に受止められ、このことが広範囲に観光客の減少を招いた。このことは「情報」の観光での役割が大きいことをあらためて思い知らされる。数年前の能登地震の際、被災地は極めて限定されしかも交通宿泊施設の復旧も早かったのに、長期にわたって石川県はもとより富山県などまで観光客が減少した。

一方、二年程前に静岡県で震度五に及ぶ地震があり東名道路が不通になったことがある。このときは静岡県幹部が直ちに現地を視察し被災地域は限られていること、とくに伊豆地方には全く被害がないことを即日公表・広報につとめた結果ほとんど風評被害が発生しなかったという例がある。このことが適時適確な情報発信の重要性を物語っている。

平素から観光情報システムを確立しておき、発災時にも正確な情報が広く行き渡るような体制を構築しておくことの必要性を痛感する。今回の災害の反省として「情報」のもつ意味と役割をあらためて強く認識させられた次第である。

(3)「原発事故」について

東日本大震災は、原子力発電所事故を誘発し未曾有の被害を広範囲にもたらした。この被害の内容、範囲、程度については未経験のものだけに観光にも大きい影響を与えた。とくに被害が科学的な反応によるものであるだけに、公的情報にたよるほかない状況であった。発災当初不安を払拭するためか、「現時点では問題はない！」等のあいまいなものが多くこのことが不安を増幅した。外国には日本全体が放射能汚染されているかの如き印象を与え、一部の国は日本への渡航注意情報を出すほどで、外国人観光客の激減につながった。

国内でも原発から一〇〇キロメートル以上も離れた会津地方への修学旅行が、福島県というだけで一時ゼロになるなどの深刻な影響を見た。最近でも東北への修学旅行は、放射能被害を防ぐため福島県内に停車しない列車を利用するよう保護者からの誤解に基づく要請があり、止むなく旅行地を変更した学校もあると聞くほどであった。

東北方面への観光客がなかなか復調しないのは、原発事故に伴う放射能被害が過大に誤解されているためともいわれる。しかも、我々一般市民は、放射能被害の性格内容等についてほとんど無知であるためこのような現象が起こっているのだと考えられる。この種の事故の場合は、科学的知見に基づく正確な情報を適時かつ詳細に提供することが必要で、今からでも遅くはないのでそのような対応を公的機関に望みたい。そして大部分の東北地域についての「安全宣言」でも出ればと思う。原発事故にかかわる観光への被害は、今なお進行中で適確な情報発信がその復興へのカギを握っているといえよう。

(4) 観光客の安全と保護について

東日本大震災は三月半ばで、被災地域ではまだ雪の降る気候であり観光シーズンではなかった。またその発災も平日であったために、観光客の安全とくにその避難誘導等をめぐっての問題がマスコミ等で報ぜられることはほとんどなかった。しかし、震災が観光シーズンさなかの週末等に起こった場合、しかも観光地の定住人口の何倍もの人が観光地に訪れている時に発災した場合深刻な問題がそこに発生すると考えざるを得ない。都市の発災時の帰宅不能者対策が問題になったが、観光地の場合、発災時期時間によっては観光地の人口の数倍に及ぶ帰宅不能の観光客がそこに発生することになる。しかも通勤者と異なり観光客の場合はその土地に勤務先など身を寄せる場所もなく、土地不案内な老若男女であることを考えると発災時の観光客の避難保護対応は大変難しい深刻な課題といえよう。観光学会での発表によると、ある町で観光シーズンの週末に発災するとその町は発災当日定住人口の二〜三倍に及ぶ人の避難場所確保と供食が必要になるという。しかも、このような非常時の観光客の収容場所確保・供食給水体制、さらに交通対策等にほとんど対応できない観光地も少なくないとのことであった。

アメリカのニューオーリンズは、巨大台風で大きい被害を受けた際、観光客にも影響を与えた反省から州の観光客を対象にした危機管理センターを設けた。そして向こう二週間分の宿泊客の予約状況を毎日本部へ報告させ、観光客の動態を把握すると共に地域ごとに責任者を定めた情報連絡や避難対策を考え訓練等も行っているという。日本でも観光客の集中する地域では、そのような計画対策が公的機関によって策定され、観光客にもその内容等を周知させ異常時の行動の基準を明示する等の対策が急務である。

観光客への災害対策は、今回の震災では時期的なこともあって対応への教訓が多く得られなかった分野と考えられる。しかし、少し前の宮城県北部地震の際のように被災規模に比して観光客から多くの犠牲者を出した例もあり、受入体制整備の一環としても観光客への災害対策を平素から各地で準備しておくことも忘れてはならない。そのことは、観光客を誘致して来た観光地の社会的責任でもあるといえよう。そして、この対策の中心をなすものも観光客への情報提供体制の整備にあると考えられる。

我々は、今回の東日本大震災で観光面で深刻な被害を受けた。その反省からさらに他地域の過去の災害例等を幅広く参考にして、観光客が安心して観光できるようなハードソフト両面にわたる対策を構築していくことがまず必要である。その上で落込んだ観光を復興するためには、観光の理念とその役割を正しく理解すると共に観光情報の適時適切な発信がその緊急課題であり、またその目標であることを忘れてはならないと思う。

信じよう、観光の力を

小沢 健市

◉はじめに

我々は、様々なリスクに取り巻かれ日々生活を営んでいる。二〇一一年三月一一日午後二時四六分、三陸沖で巨大な地震が発生し、それによる大津波が東北地方太平洋側から関東地方太平洋側を襲った。まさにリスクが現実のものとなったときであった。

我々の社会は、一昔前と比較して、科学技術の進歩によってますます便利になり、生活も豊かになった。しかし、豊かさと便利さを獲得するにしたがい、社会のシステムはますます複雑さをまし、それと共に、我々は多くのリスクに取り巻かれた生活を余儀なくさせられている。

経済学では、「リスク」と「不確実性」は本来別物であると捉えられてきた。前者は確率計算可能な事象を指し、後者は確率計算不可能な事象を指す、との理解が一般的である。しかし、言葉や概念の厳密な意味や定義とは別に、二〇一一年三月一一日に東北地方太平洋沿岸を襲った巨大な地震（東北地方太平洋沖地震）とそれによる津波の被害は、正に「不確実性」が現実のものとなって現れた瞬間でもあった。

◉その日、筆者は

東北地方太平洋沿岸の街を地震と津波が襲った日、筆者は、東南アジアのある国での研究期間が終了し、その夜の便で、バンコクを経由し、翌日一二日の早朝に成田国際空港へ到着の予定であった。バンコクの空港に到着した筆者は、指定されたゲートへと向かった。ゲートに着き、電光掲示板を見ると、成田行きの便に遅れが出ていた。筆者は、遅延の理由をゲートにいた係りの人に尋ねたが、「理由は分からない」との返事であった。筆者は、仕方なく、アナウンスがあるまでと思い、近くのベンチに座って成田行きの便の出発を待っていた。

アナウンスがないまま夜中になり、空港内のブースや店舗の改装工事が始まって間もなく、工事関係者の中の責任者と思しき人が私の隣に座るや否や、「お前は日本人か」と尋ねてきた。私が「日本人だ」と答えると、彼は「お前は日本へ帰るところか」とさらに質問してきた。私は、「東京へ帰るところだ」と答えた。すると、彼は、一瞬躊躇した様子であったが、「東京へは帰れない」と奇妙なことを言った。「東京そして羽田空港も成田空港も地震と津波のために壊滅状態だ」と彼は言った。私が「そのようなニュースは聞いていない」と彼に言うと、彼は「TVニュースでそれが放映されているので、TVがあるところまで連れて行くから、俺について来い」といった。

しばらく空港内を歩き、テレビの前に来ると、CNNのニュース番組からは津波が海岸と街に押し寄せる光景が画面一杯に映し出されていた。津波が押し寄せている場所は、最初は分からなかったが、しばらくの間画面を凝視しているうちに、日本地図が画面隅に映し出され、それが東北地方であるということを知った。

画面に映し出された光景は、地震によって発生した津波により街が破壊され、車や漁船、家屋が流されていく、まるで地獄絵のようであった。私は、テレビジョンの前を暫くの間動くことができなかった。どのくらい時間がたったかは定かではないが、筆者は、気を取り直し、ゲートへと再び歩き始めた。しばらくしてから、出発予定時刻は、予定の五時間後であると、ゲートの電光掲示版に映し出された。私は、自分のパーソナルコンピュータを取り出し、空港内のネットワークにアクセスし、メールを開いた。娘からメールが届いていた。東北地方で巨大地震が発生し、それよる津波で東北地方太平洋沿岸に位置する街が壊滅状態になっていること、東京は帰宅困難者が多数出ていること、多くの人がビル等に避難しているとの文面であった。最後に、家族全員が無事であることが綴られていた。

五時間遅れで離陸した飛行機のなかで、筆者は、このような状況に直面し、これまでの人生の半分を観光に関わりをもちながら過ごしてきた私に何ができるかをぼんやりと考えていた。甚大な被害を受けて、今後の復興の道筋について様々な意見や想いが交錯するなかで、「観光による地域の復興と振興」がどれだけ被災地の人々に受入れられるかどうかを想像することは決して容易ではないが、人生の大半を観光に関わりながら生きてきた筆者に課せられた責任は、「観光が持っている力」について語ることである、との強い思いに駆られた。

◉観光のインパクトと地域の再生

筆者は、観光の研究の重要な一側面は「観光のインパクトの研究である」と信じ続け、大学入学前の高校生や受験生を対象とした模擬講義（高校への出張講義を含め）、講演会や私のゼミナールの学生諸君に、そして論文を通じてそれを発言し続けてきた。観光は、僅かなことで衰退したり、地域の文化を変容させたり、環境にマイナスのインパクトを及ぼすこともあるが、観光のインパクトはマイナス面だけではなくプラスの面も存在する。この観光が持っているプラスの力を活用し、東北地方の復興と地域経済の振興に、そして日本の発展に役立てることが重要ではないか、との思いを筆者は強く持ち始めた。

観光は、一般的に、三つのインパクトがあると言われている。第一に、社会─文化的インパクトであり、それは観光地の伝統や慣習といった文化、そしてそこに生活している人々と観光者との交流を糧に、広く世界の人々との相互理解の促進に役立て、それにより平和で豊かな暮らしやすい世界を創造することである。

また、観光は、地域の発展にともなって失われた地域の伝統的な習慣や慣習、食、そして考え方といった文化を蘇生・再生する力を持っている。文化は、それなくしては観光そのものが意味をなさない、といっても過言ではないほど重要な観光資源である。

観光生産物（tourism product）とは、観光者自身の観光経験を意味している。観光者は、経験を通じて地域の文化を学び、理解し、それを自分の生活に生かすことが期待されているが、それこそが観光の持っているプラスの面である。

第二に、観光の持つ経済的なインパクトである。これは、正に観光者の支出によって、当該観光地の経済活動を活発にすることを意味している。観光に関わる産業の裾野は広く、したがって、観光者によって支出される金額は、様々な産業にお金を流し、それによって様々な産業の生産活動を活発にさせ、それは当該産業で働く人々の給与を増加させ、それによって地域内の人々の消費を増加させ、税収を増加させ、企業の投資を誘発し、さらに雇用の増大を促進し、地域内経済活動をいっそう活発にさせる、といった一連の連鎖が限りなく続くことによって、地域の経済活動をさらに活発にさせていく。それが観光支出の地域への経済的インパクトである。

そして第三に、観光の環境へのインパクトが存在する。環境へのインパクトは、観光の場合、無計画な観光開発によって生じる自然環境や住環境へのマイナスのインパクトが指摘されることが多いが、観光客誘致によって生じた経済的なインパクトを通じて、地域に自然環境の整備や再生に向けるための資源、例えば、観光によって増加した税収の支出を通じて、それを自然環境のみならず人々の住環境やインフラの整備にも利用することが可能である。正に、観光を通じて、地域の自然環境や住環境の保全や整備を図ることが可能である。

しかしながら、観光の効果は、カンフル剤のような特効薬ではなく、時間をかけてじわじわと効いてくる、いわば漢方薬のようなものである。それゆえ観光は魔法の杖のようなものではなく、効果が即座に現れるわけではない。観光の効果が現れるためには、観光に関わりを持つ企業や産業に従事する人々のみならず、行政や非営利企業、そしてそこに住む人々のすべてが観光への関心を共有し、理解し、そして協力することが不可欠である。

東北地方には有数の観光資源が存在し、地震や津波で失われた資源があるとはいえ、未だに素晴らしい資源が数多く存在し、まだ我々が気づいていない潜在的な観光資源さえも眠っているかもしれない。それらの観光資源にさらに時間をかけ磨き、魅力ある観光資源に仕上げていくための努力と忍耐が必要であることは言うまでもない。

東南アジアの国々の多くは、かつてヨーロッパ列強の植民地であった。現在は独立し、それぞれの国が経済成長や経済発展の波に乗り、豊かな国へと前進しているように見える。しかし、それらの国々でさえ、数十年ほど前は、資金は乏しく、財政の援助もままならぬ状態が続いていた。それらの国々がとった行動は、自国内に存在する植民地時代の建造物や当地の文化遺産、そして豊かな自然資源をそのまま利用し、先ず外貨を獲得することであった。その外貨は、外国からの訪問者や観光者によってもたらされた、いわば国外で生じた所得を自国で利用してもらい、自国内の人々の所得の増加を図り、それにより国内の貯蓄を増加させ、その貯蓄によって工業化のための資金にしようという、壮大な戦略がそこにはあった。

東北地方の観光資源は、地震と津波によりすべてが破壊されたしまった、と考えている人も少なくないであろう。しかし、再び自分が住んでいる地域を冷静に見つめ直してみるならば、そこには、以前にもまして、多くの資源が存在していることに多くの人々が気付くはずである。そうしたいわば眠っていた資源を掘り起こし、それに既存の資源を融合させることによって、今までにない観光資源として多くの人々に訴える力をもった魅力ある資源へと変えていくことができるであろう。「観光など怪しからん、観光などという言葉は聞きたくもない」と考えている人々にこそ是非とも観光のこと考えてほしい、と筆者は願わずにはいられない。

我々の周りには、我々自身当たり前のこととして気づかないことや現象がしばしば生じている。「そんなもの、観光資源になるか」といった、旧態依然とした考え方から脱皮し、新たな視点から資源を見直すことができるならば、そこには何の変哲もないと思われていた、いわば未舗装の道路に転がっている名もない石ころが実は「玉の原石」であった、ということはしばしば耳にする話である。「玉の原石」を探し出し、いっそう磨きをかけてみようではないか。その努力が多くの人々に恵と幸せを運んできてくれるからである。

観光は、地域社会の見直しと地域社会の絆を作り上げるためにも貢献するはずである。強固な基盤を持った地域社会とそこに生活する人々の間に強い絆が築かれるならば、地域の復興は自ずと叶うはずである。観光は、他所者との交流のみならず、地域内の人と人との絆を強固にする機会を提供してくれるはずである。域内の人々の間の強い絆は、地域の発展を阻害する「風評」から地域とそこに生活する人々を守り、同時に地域の持続的な発展を可能ならしめる不可欠な要素である。と同時に、観光者は、地域の正しい情報を家族や友人、そして同僚に伝達してくれる情報の伝達者である。彼らは、「真の情報」の伝達者であると同時に発信者でもある。

◉信じよう、観光の力を！

観光は、しかしながら、ローマと同様に、一日にして成るものではない。時間をかけながら、正に長期に渡って継続して始めて、その効果が現れてくるといった側面を持っている。それは、ちょうどじわじわと効き目が現れてくる漢方薬のようなものである。

急激な観光開発によって、たとえ観光者が一時的に増加したとしても、それはブームにしか過ぎず、数年後には衰退した観光地へと舞い戻ってしまうという光景を、筆者は海外のいくつかの新興観光地で目のあたりにしてきた。それを頭の隅にとどめながら、住民が住みやすい息の長い街づくりや地域づくりへ向けた復興や再開発が必要であると筆者は考えている。それは最近しばしば語られる「観光によるまちづくり」ではない、住民による住民のための街づくり地域づくりである。そのような街づくり、地域づくりを心がけるならば、恐らく、多くの人々は関心や興味を示し、その街を、そして地域を訪れたいとの強い欲求を持つであろう。そのような街づくりや地域づくりこそがその地域の文化を反映しているからである。そのような街や地域でこそ、観光は本来それが持っている力を発揮するからである。人は、世界遺産にのみ心を動かされるものではない。

信じよう、観光の力を！

旅行会社が目指す震災後の新しい観光とは

矢嶋　敏朗

◉日本の旅行会社への影響

①旅行会社のおかれた状況

東日本大震災により日本の旅行会社をはじめ旅行関連産業は、現在も依然多大な影響を受けている。東北地区の被災地域の観光地の直接的な被害は勿論、震災直後の「行き控え」は収まったものの、放射能漏れによる影響のため、東北地方を中心とした観光客減少が依然大きな問題となっている。特に、以下の図表1の「二〇一一年主要国訪日外国人客二〇一〇年からの増減割合」通り、訪日外国人客については、東日本大震災直前の平成二三年二月までは、前年を上回る訪日客数が連続していたが、震災が発生した平成二三年三月は、影響は日本全体に及び前年同月比四九・七%と大幅に減少した。その後、海外旅行ブームの中国人を中心に訪日客数は回復したものの、平成二三年の訪日客数は、六二二万人と過去最高であった前年の平成二二年八六一万人の七二・二%に留まった。

震災直後は、主要旅行会社の国内旅行取扱額も二割程度減少したが、数字上は、八月までにはほぼ前年通りに回復した。現在、日本の旅行業界は、急激に勢力を拡大するローコストキャリア（ＬＣＣ）の顧客への直接販売や楽天トラベルをはじめとするネット系旅行会社の台頭など、パラダイムシフトを迎えている。日本には約一万社の旅行会社が存在するが、日本の旅行総販売額の四五％を上位五社で占めるいびつな業界構造となっている。その上位の、ジェイティービーグループ、日本旅行、近畿日本ツーリストなど、店頭を擁し、団体旅行、パッケージからインバウンドなど様々な分野の旅行を取り扱う「総合旅行会社」が日本の旅行業を牽引してきた。日本の各地域へ旅行客を送客して、「地域」と共に発展してきたと言っても過言ではない。しかしながら、ネット系旅行会社やメディア販売型旅行会社など、価格中心の新興勢力の旅行会社が販売上位を占めるようになりつつある。

一方、東北地方への宿泊客は、各県の宿泊統計によると、二〇〇四年以降では一割以上減少して、年間約三〇〇〇万人程度となっており、特に、岩手・秋田・青森県は減少傾向にある。これら、観光客の減少で苦戦をしている地域へ継続的に送客をして、「地域振興」に貢献するという観点から見れば、従来型の総合旅行会社がリードしなければならないことは間違いないといえよう。

からの増減

（単位：%）

7月	8月	9月	10月	11月	12月	計
-33.2	-33.0	-32.1	-30.5	-29.1	-27.8	-27.8
-30.2	-31.7	-32.3	-32.2	-32.2	-32.0	-32.0
-36.7	-37.2	-35.0	-32.1	-28.7	-26.1	-26.1
-29.1	-27.6	-26.5	-24.9	-23.3	-22.2	-22.2
-30.0	-42.5	-28.8	-26.5	-25.3	-23.9	-23.9

ここでは、日本の大手を中心とした従来型総合旅行会社が、東北地方を中心とした被災地にいかに貢献していくべきかを論ずることとする。

②新観光立国推進基本計画の決定

政府は、平成一八年に「観光立国推進基本法」を制定し、平成一九年に「観光立国推進基本計画」を閣議決定したが、東日本大震災に加え中国・韓国との領土問題などで旅行マーケットも大きな影響(ダメージ)を受けており、それらに対応すべく、平成二四年に今後五年間の「新たな観光立国推進基本計画」を定め、その柱として「震災からの復興」をあげた。計画のポイントは、被災地を支える基幹産業として、「観光交流を生み出す仕組みの構築必要性」、外国人旅行者にありのままの日本を見てもらうために、「日本ブランドの復活」の二点である。具体的な政策としては、二〇一二・三・一八～二〇一三・三・三一の日程で、「東北観光博」を展開して、東北二八カ所のゾーンを核に交流を中心とした滞在型プログラムの観光地域づくりプラットフォームを形成したことなどがあげられる。

③旅行会社の東日本大震災への対応

現在、旅行会社が取り扱っている東北を目的地とした旅行の象徴的なもの

図表1　2011年韓国、中国、アメリカ・イギリスからの訪日外国人客2010年

	1月	2月	3月	4月	5月	6月
総計	11.6	6.8	-13.3	-27.2	-31.9	-32.6
韓国	15.7	16.3	-1.7	-17.2	-25.6	-28.1
中国	7.8	-4.2	-20.8	-29.6	-33.1	-34.2
米国	6.3	4.9	-17.2	-28.3	-30.3	-30.1
英国	8.5	-1.8	-17.9	-29.0	-31.5	-31.2

出所：日本政府観光局（JNTO）訪日外客数・出国日本人数（2011年12月暫定値）。

をあげると、会社別に以下のように大別される。

【大手旅行会社】全国発の東北へのパッケージ旅行の企画・販売をしている。また、企業や学校（大学や高校）の企画依頼によるボランティアツアー受入対応も目立つ。なかでもクラブツーリズム㈱（当時）が企画した三陸鉄道に乗車し沿線を観光する「鉄道旅情東北「絆」でつなぐ三陸路二日」ツアーは、約一〇〇〇人の集客があり、旅行業団体の決定する「鉄旅OF THE YEAR」で東北応援賞受賞企画を受賞した（震災以前から三陸を担当していた、若手女性担当者が企画）。旅行会社の原点ともいえる企画であり、今後もこのようなツアーの企画を各旅行会社へ期待する。

【中小旅行会社】各地発のバスツアー（主に東日本地区発観光中心のツアー）が中心である。

【東北の旅行会社】被災地を中心に、東北地区発の国内外への旅行販売は、依然として大きく落ち込んでいる。一方、着地型の被災地見学及びボランティアツアー（観光要素は少ない）を地道に取扱っている地元旅行会社も目立つ。代表的な事例としては、福島・宮城県を中心に、三陸鉄道（三鉄ツーリスト）の社員が自ら被災地を案内する「三陸フロントライン研修」は約三〇〇〇人の参加があり、マスコミなどで大きく報じられた。

◉旅行会社と震災（今後の旅行会社のあるべき姿）

日本の旅行会社の東北地区へ対する最大の役割は、間違いなく「送客数のアップ」である。東北地方は、松島海岸や三陸海岸など美しい自然景観に恵まれ、「平泉の文化遺産」「白神山地」と二つの世界遺産を擁し、第三セクターによる鉄道網が整備され回遊性観光へのポテンシャルを有しており、観光地としてのポテンシャルは大きい地域である。第一次産業、第二次産業の復興はあってもさらなる発展は難しい。その中で、旅行業をはじめサービス産業（第三次産業）は、訪問客の増加により拡大が可能で、雇用の拡大も期待でき貢献につながるものと考えられる。

旅行会社は、東北地区への社会的な貢献を念頭に、地道な送客や、今まで接点の少なかった、NPOや地方自治体との連携を積極的に目指してもらいたい。具体的には、東北地方の各地域へのツアー企画、販売、実施、プロモーションまでトータルに関与することが望ましい。従来までのマスツーリズムに陥らないように留意しながら、着地観光の拡大（発展）に努めることに期待する。とくに送客するだけに留まらず、従来の旅行会社のビジネスモデルとは異なるハードがソフトの融合した、「観光地域づくりプラットフォーム」型ビジネスへの変貌が旅行会社の存在価値の証明になるのである。

被災地の震災復興計画も様々論議されている。旅行会社が、その中で主に担うべき具体的な役割は以下の三点であると考える。

①東日本大震災を教訓にした、防災教育旅行の確立

東北地方を、一〇年後には、「広島」「長崎」のように「不幸な歴史やそこからの復興」を国内はもとより全世界にアピールする観光地（地域）として成長させることを意識するべきである。津波の悲惨さや防災上の問題点を広く知ってもらうと同時に大震災から復興を進める被災地を内外に見てもらい、「真面目で逞しい日本人」を全世界に理解してもらう必要がある。日本では、広島の原爆ドームや長崎の平和祈念像、沖縄のひめゆりの塔など過去の戦争など「負の出来事」を見聞する旅行スタイルは、一つの観光スタイルとして定着しており、修学旅行、個人旅行そして訪日外国人旅行など様々な旅行の目的（地）となっている。

例えば、広島の公益財団法人広島平和文化センター運営の「平和記念資料館」の二〇一一年度の入場者数は一二一万三七〇二人に上る。とくに、訪日外国人客が七・九％の九万六五一〇人、修学旅行生が二六・九％の三二万七六一〇人とシェアも高いのが特徴である。また、兵庫県神戸市にある阪神淡路大震災についての展示をしている、「人と防災未来センター」の入場者数は、毎年平均約三〇～五〇万人で推移しており、二〇一二年には開館一〇年目で入場者総数が五〇〇万人となった。

これらの数値からも、「負の出来事」について見聞する旅行スタイル確立による、観光（訪問）客増加の効果がわかる。福島県をはじめ、東北地方の被災地の復興には相当の時間が見込まれ、とくに福島県の被災地域では「放射能漏れ」の問題もあり観光客を迎えるには時間を要するであろう。しかしながら、広島や長崎のように被災地の観光地化が、長期的なレンジの復興計画の重要なポイントとなる。旅行会社は、修学旅行などだけではなく、営業力や企画提案力を活かし、通常の観光旅行やインバウンド（外国人旅行）対して「防災教育旅行」としてのコンテンツを組み込んでほしい。また、各社の予約システムを活用して、様々な見学箇所の予約のコントロールなど、日本の旅行会社の強みを活かした対応を期待する。

②東北への着地型観光の推進

今後の東北地方の観光発展の最大ポイントは「着地型観光」であると考える。着地型観光とは、観光客を受け入れる地域が、自分たちが持つ観光資源（町並、生活、産業など）をベースに企画する旅行商品や体験プログラムで、自治体や地元のNPO法人や観光協会によって運営されているケースが多い。

二〇〇七年から旅行業法が改正され、地域の小規模な旅行会社であっても地元および周辺市町村を巡るパッケージツアーの企画・実施が可能となるように改正された。しかしながら、着地型観光は客が極めて少ない割には、運営にマンパワーを必要とする。従来型のパッケージツアーや団体旅行を中心としたマスツーリズム中心の日本の旅行会社にはマッチしなく、多くの旅行会社が敬遠しているのが現状である。各地域で、体験活動や街歩きなど、日本の各地域の特徴を活かした魅力的な観光素材を提供しているにも拘わらず、旅行形態として浸透しないのは、日本国内において、旅行販売の大きな力を持つ旅行会社の着地型観光への対応も課題になっている。消費者の多くは、依然として、価格志向であることには変わりはない。しかしながら、消費者の成熟化や旅行スタイルの変化が進んでいることも事実であり、東北地方への国民の関心も高まり、着地型観光をマーケット（顧客）が受入れる土壌はある。また、被災地を周辺に新しい街づくりをする際に、着地型観光が促進されることを念頭にした、ツアー企画や運営を担当するシステムの構築、観光客のセンター（ハブ）となる施設の建設や運営体制の整備も組み込まれるべきである。さらに、大きな増加が見込まれる、訪日外国人客の着地型旅行対応に旅行会社のノウハウは重要であり、旅行会社の積極的な関与を期待する。

③「東北」「三陸」「福島」の名前を利用したブランディングによる訪日客の増加

今回の震災により世界に知れ渡った「東北」「三陸」「福島」などの名前を最大限に活用して、今後拡大が見込まれる訪日外国人（インバウンド客）の誘客を図るべきであると考える。欧米人の訪日客は市場が成熟化し、取扱人数は頭打ちになっている。その中でも、筆者の勤務する旅行会社での広島や長崎への観光客は大きくは減少していない。欧米人客など成熟したマーケットの顧客は、「学び」や「体験」など、目的は明確な観光については、経済環境など外的要因には比較的影響されにくいのである。現在でも、広島や長崎には、多くの観光客が原爆の悲惨さを積極的に学びに訪れているのである。欧米の観光客は大震災や放射能問題から立ち直ろうとしている、東北地方には間違いなく関心を持つはずである。「被災地のブランディング」というと、不謹慎に思われがちであるが、観光を産業の柱として復興が必要不可欠である。

具体的な内容しては、上述の「防災教育」以外にも、平泉や白神山地の「世界遺産」をはじめ、「自然」「文化」「歴史」「生活」などを観光素材とするブランディングを旅行会社が中心になって行うことを大いに期待する。

自然災害と向き合う観光地域の安全確保

―災害の展開に応じた防備・減災の取り組み―

中﨑　茂

◉はじめに：観光の安全と本稿のテーマ

観光を取り巻く自然変動は予知が難しく、また観光旅行者のニーズは多様で流動している。このような社会経済の下で、今後の観光の安全はどのように確保し、観光をいかに持続させるのかが問われている。このことは、単に観光事業者のみならず、東日本大震災や有珠山噴火に見られるように、観光地域の行政、地域住民の生活、観光に関わりのある産業、歴史文化の関係者、および観光旅行者にとって重大な関心テーマとなっている。

この認識のもとに、本稿は自然災害の危険性を内在している観光地域が、観光旅行者のニーズに対応しながらいかに安全を確保するのかについて、①自然災害が発生から収束するまでの展開状況に応じて安全確保を取り組むことが有効であること、②多様で個性的な観光ニーズに応えながら安全を確保するには、観光事業者、行政の取り組みに加えて、観光旅行者の積極的な関与が必要であること、の二つの面から考えていく。

◉観光安全の高まりと二つの考察視点

①観光の安全

観光は、人が自宅を離れて観光資源のある場所（観光地域）に出かけ、そこで心身の喜びを求めて行う活動の総称である。人々はこの観光旅行の途中や観光地域で多様な活動を楽しむが、それは心身の不安が無い状態で行われることが前提となっている。戦後になり社会経済が発展し、旅行者に観光サービス（飲食、宿泊、入浴、鑑賞・体験等）を提供するビジネスが増大し、また少子高齢化やグローバリーゼーションにより地域産業が低迷してから、地方の地域づくりの柱の一つとして観光が全国的に形成され、さらに観光政策により観光は地域の産業、生活、環境とのかかわりを深めてきた。このような観光の発展をビジネスに結びつける観光事業者や地域の活性化に活かす自治体等によって、様々な集客や話題提供の取り組みが活発に行われている。その一方で、旅行者の心身の喜びを損なう事故や自然災害も頻発しており、観光の安全を確保する重要性は増している。

②観光の安全を脅かす要因

観光の安全を脅かすものには、飲食の食中毒、宿泊の火災、入浴のレジオネラ菌、遊戯機器の不具合、野外体験における気象災害等がある。観光の安全確保が重要となってきた背景には、観光が生活の一部として定着し国民の約八割が観光旅行にでかけていること、高齢化が進み旅行者の年代が広がり体力、嗜好、経験等のバラツキが大きいこと、社寺仏閣、自然景観等を鑑賞する観光行動から健康維持や自然生態等のふれあいなど野外での観光活動を求める人が増えたこと、そして異常気象や地殻変動による災害が頻発し観光の安全を阻害する事態が増したこと、などがある。

また、観光産業は安全・安心を根底に置いているにもかかわらず、安全を損なう事故が多発しているのは、観光サービスの提供サイドと旅行者サイドの期待とにギャップがあるからである。限られた経営資源のもとに提供する事業者の観光サービスが、多様な要求をする旅行者の期待に適合できない場合に、そこに無理からくる危険が高まり、事故となる。

③安全確保の二つの視点

観光地域の安全確保は、観光する人々の多様なニーズをどう受け入れ、その観光活動の安全をどう確保するかが基本となる。この観光の安全確保に二つの視点から探求することが必要である。一つは自然災害の予兆、被災から復旧・復興に至るその状況変化に応じて安全を確保する視点。もう一つは自然災害に直面する観光旅行者、観光産業や地域社会が、安全の確保に誰が関与するかという視点。本稿は、紙面の制約から、災害の展開段階に応じた観光の安全確保の取り組み方向とその関与の主体について考察する。

◉観光地域は自然災害にどう向き合うか

観光地域は、自然災害にどう向き合ったら良いのだろうか。まずは被災を回避することであり、また被災の危険性が高い場合に、その被害をいかに軽減するか、そして被災後に復旧や復興を迅速に図り、従前を上回る安全性を確保することが基本方向といえる。

観光地域に影響を与える自然災害には、噴火、地震、津波、豪雨・豪雪、異常気象、台風等がある。これらの発生の時期、場所や規模はまだ予知が困難であり、突発的に発生し予想を上回る激変を示すこともある。さらにこの自然災害は、それ自体による被害にとどまらず、さらに土石流、高潮、干ばつ、浸水などの二次災害を誘発する。そのため地殻や気象の変化を絶えず監視し、その変化に迅速に対応し被害を軽減することが重要となる。その上で被災状況を踏まえた生活再建・地域の復興を図り、従来を上回る安全な観光を享受できる環境を創出する。また、観光地域が自然災害を蒙る頻度は、数十年から一〇〇年単位と長いことからその経験を観光安全に活かすため、被災の実態、復旧・復興の考え方と内容やそれらの成果や課題等について災害記録として作成することが有益である。

◉観光安全に観光旅行者がかかわることの重要性

①観光の利用変化と安全確保の主体

自然災害（地殻変動や気象の激変）を蒙る観光地域において、その安全確保は誰が担うのであろうか。観光旅行が大衆に広まり、社員、学生等の団体旅行が引率され名所・旧跡等を鑑賞する「受け身的な観光」が特徴であった時期に、観光の安全確保は、移動、飲食、観光活動等を提供する観光事業者が主に責務を担っていた。

その後、社会経済が発展し、家族、グループ、個人の観光旅行が増えるにつれて、旅行者の嗜好・体力・経験等に個人差が大きくなり、また自然・生態、体験交流など「能動的な観光」を求める旅行者が増えてきた。このような状況を反映して、観光の安全確保は、観光サービスを直接に提供する観光事業者が一次的な責務を担うが、行政も監視や指導を強めるようになってきた。

しかし、近年になっても、食品、入浴、ツアー登山などの観光安全を損なう事故は減退していないことから、行政や事業者による安全の取り組みに限度が見られる。他方、旅行者には体力、体験等のバラツキがあり、しかも個性的なサービスを求める観光旅行者が増えている。今後の観光の安全確保には行政や観光事業者による安全対応の拡充とともに、旅行者も「観光の安全は自ら求める」という自覚が不可欠となっている。

②観光旅行者の積極的な関わりの必要

「安全な社会」の形成には、消費者も重要な担い手として期待されている。それによると消費者は単に製品を生産・販売した企業等の責任を追及するだけでなく、安全な製品・サービスを称賛しそれらを購入することを通して、製品サービスの安全向上および安全社会の形成に関わることが求められている。それに因むと、「安全な観光社会」の形成のために観光旅行者は安全な観光サービスを称賛しそれを購入・体験するとともに、観光活動を何時までも安心・安全に享受できる環境づくりに関わることが、求められる。

観光旅行者は、入込みの段階に安全の確認を行うとともに、自然災害の危険性を秘めている観光地域において、観光活動を楽しむ際に蒙るかも知れない危険性を回避する心掛けが必要とされる。このことは山岳ツアー遭難事故において、観光の安全確保を観光事業者やガイドに任せきりにせず、旅行者も安全にかかわる情報や経験等を持ち寄り危険を回避・軽減することに関与することが肝要であると指摘されている。その意味において観光旅行者も、「安全な観光社会」の形成に関与することが求められる。

◉自然災害を想定した安全確保のフレーム

自然災害に対応する観光地域は、観光旅行の形態や観光活動の特性と、災害の展開段階（災害の防備段階、災害の予兆・発生段階、災害のピーク・収束段階、災害の復旧・復興段階）とを関連づけて、安全確保の取り組みや関与する主体等について検討する必要がある。以下に、自然災害の展開段階ごとに安全確保のための基本方向を示した。

①災害の防備段階

過去最大の被災を前提に、地勢や気象に起因する自然災害を防御するため関連施設や土地利用の見直しを行う。また災害の発生や軽減に備えて、災害の早期警戒・避難計画および被害軽減の管理システムを確立し、その運用方法を検証のもとに備えておく必要がある。

②災害の予兆・発生段階

自然災害が発生しその拡大が懸念される状況において、刻々と変化する影響の範囲や程度を予測し対応することは難しい。そのため災害の予兆を早めに見出し上記①の早期警戒・避難計画および被害軽減の管理システムを発動する。とくに、地域の地勢や気象変動に不慣れな観光旅行者、迅速な避難が難しい高齢者、母子、学児童等に対して非常事態の発生や避難の準備、避難先等について情報伝達を行い、円滑な避難・誘導が求められる。

③災害のピーク・収束段階

自然災害を引き起こしたエネルギーが低落し、被災の範囲や程度がピークに達したとみなされる時期から、以下の事項に取り組む必要がある。

(i) 二次被害の危険性を回避しながら孤立集落、被災住民、観光旅行者を避難拠点まで誘導する。他方で、被災者に必要な衣食、医療、生活用具、水道・ガス等を手当すると共に被災者や救護者、災害対応の責任者等の精神不安を軽減するケア対応が必要となる。

(ii) 災害で発生したガレキや土砂等の除去、破損した公共・文化施設等の修復、および被災した産業や生活環境等に関わる振興計画の策定等が重要なテーマとなる。とくに地域住民、事業者等の被災状況と再建に対する要望等を収集・整理し、それらの復旧・復興計画の基礎資料として活用する。

(iii) 災害の発生の場所・範囲、その発生や拡大の要因、被害内容とその影響等を詳細に把握し、それを被災の歴史的な記録(「実態編」)として後の地域づくりに活かす。

④災害の復旧・復興段階以降

災害の復旧・復興事業が施工され、運営管理に引き継がれ、緊急な対応が一応終了する段階において、以下の事項が基本テーマとなる。

(i) 復旧・復興計画は、被災という異常事態の下で発想・立案され、しかも事業遂行の早さが優先される。日数を重ねて平静さを取り戻し冷静な判断によって、計画事業の見直しや運営方法の再検討も生じてくる。

(ii) 被災後のインフラ、産業、生活、環境等の各事業を円滑に遂行するため、土地の手当、住民の理解、関係機関の許認可、予算の確保などの迅速な対応が必要となる。それには地域住民との意思の疎通がとくに重要である。

(iii) これらの事業に伴う波及効果や他分野との相乗効果を期待した環境づくり（運営管理のシステム、広報・宣伝、人材確保等）を検討することも必要になる。

この災害の展開①～④に応じた観光地域づくりの取組みや一段と高まった安全・安心な環境は、地域内外や次世代の人々から評価され、被災時のインパクトと合わさり、観光旅行者を含めた来訪者の入込み、地域の賑わい、イメージの形成等に反映されてくる。

◉「観光地域社会」の形成と観光旅行者の関与

地殻変動や異常気象の多い観光地域は、これまで以上に自然災害からの安全確保に十分な対応を行う必要がある。この安全確保は、①被災を回避・軽減する側面と②被災後の安全性の高い観光地域づくりの側面に大別される。①は、災害の防備段階から災害の予兆・発生段階に該当し、主に災害発生の予兆を見出し、迅速な防備や避難、その事前訓練等が基本テーマとなる。②は、被災のピーク・収束の段階から復旧・復興までの段階に該当し、とくに復旧段階には地域再建や振興を支えるインフラの整備が中心になり、復興の段階には被災実態および住民・事業者・観光客等の要望等を踏まえた「安全な観光社会」の形成に向けた取組みが基本となる。それらの取組みを通して、安全性が高く、観光旅行者の視点を加味した観光地域の再生が可能となる。

このような自然災害の回避・軽減と被災後の安全性の高い観光社会づくりは、観光事業者、行政を中心に行われるが、その円滑な遂行には、地域住民の理解と協力が必要である。さらに今後期待される「安全な観光社会」は、多様で選択幅のある観光サービスを安全に享受できる点に特徴があり、被災後の観光地域づくりの目標ともなる。そのような観光地域社会の実現には行政、観光事業者、地域住民と連携しながら観光旅行者が関与することが重要となり、その方策が今後の課題ともなる。

災害耐性からみたツーリズムの可能性

―復興への近道はツーリズムの復旧から―

金城　盛彦

◉はじめに

地震や津波による被害に加え、原発事故に続く電力不足、さらに風評や自粛による内需の冷え込みなど、東日本大震災は複合的な被害をもたらしている。しかし、未だ復興過程にあることなどから、内閣府等の例を除き、現段階ですらその被害を包括的に捉えることは難しい。そこで本稿では、「平成一七（二〇〇五）年福島県産業連関表」を用い、かつ経済産業研究所の研究（井丞次・荒井信幸・川崎一泰・宮川努・深尾京司・新井園枝・枝村一磨・児玉直美・野口尚洋、二〇一二）に倣い、福島県に限定してそのインフラやライフラインの損壊により生じた産業別のサプライチェーンのボトルネック（途絶）と、その影響（間接被害）の把握を試みる。その上で、ツーリズムを中心に、各産業の途絶の復旧をシミュレートすることで、災害耐性の観点から見たツーリズムの優位性を考えてみたい。

◉サプライチェーンの途絶による原材料や半製品需要の減少（後方連関効果）

震災はまず、インフラやライフラインの損壊によるサプライチェーンの途絶と、生産縮小をもたらす。次いで、この生産縮小により他産業の生産に不可欠な中間財の供給減少による一層の生産縮小が続く（前方連関効果）。他方、前方連関効果は各産業の中間財需要の減少（後方連関効果）を誘発する。この点を踏まえ、図表1の「1次効果」は、被災によるサプライチェーンの途絶に起因する生産縮小（前方連関効果）による中間財需要の減少分を除いた残存需要（1次の後方連関効果）を表す。「2次効果」は、その残存需要が各産業の県内生産額を喚起する様子（2次以降の後方連関効果）を表す。ただし、被災によるサプライチェーンの途絶による生産の縮小額を推計する際、製造業では従来とは別の中間財の代替による生産の維持の可能性を排した。製造業は特異かつ多品種の中間財の供給が不可欠であるためである。

図表1からは、その生産額にツーリズム関連の財・サービスの供給が占める割合が大きい「運輸」、「対個人サービス」、「商業」、「飲食料品」、そして「対事業所サービス」をまとめた「5大ツーリズム関連産業」の被災後の中間財の残存需要は一、九一九億円、この値を被災前の中間財需要で割った派生効率は三二・二％で、産業平均の二三・三％に比べ高いことがわかる。さらに、レンタカーを含む「対事業所サービス」の被災後の中間財の残存需要は八〇一億円、派生効率も九二・四％と全産業中最も高く、公共交通機関を含む「運輸」の残存需要も五九四億円、派生効率も三五・四％と高いことがわかる。しかし、同じ「5大ツーリズム関連産業」でもたとえば「飲食料品」の被災後の中間財の残存需要は九一億円、その派生効率も五・五％に過ぎない。したがって、ツーリズムには「飲食料品」のように被災に

図表1　サプライチェーンの途絶による後方連関効果

	1次効果（億円）	2次効果（億円）	1次効果	2次以降効果		1次効果（億円）	2次効果（億円）	1次効果	2次以降効果
★5大ツーリズム産業	1,919	565	32.2%	9.5%	その他の製造工業製品	91	24	8.2%	2.1%
農業	138	22	21.7%	3.5%	建設	125	22	6.7%	1.2%
林業	23	7	37.0%	11.0%	電力・ガス・熱供給	355	79	9.3%	2.1%
漁業	6	0	23.5%	1.9%	水道・廃棄物処理	180	50	45.0%	12.6%
鉱業	31	4	42.8%	5.8%	★商業	388	85	20.3%	4.5%
★飲食料品	91	10	5.5%	0.6%	金融・保険	580	208	57.9%	20.7%
繊維製品	3	1	2.4%	0.5%	不動産	107	36	19.6%	6.6%
パルプ・紙・木製品	77	21	10.8%	2.9%	★運輸	594	183	35.4%	10.9%
化学製品	118	19	11.2%	1.8%	情報通信	251	111	42.1%	18.6%
石油・石炭製品	9	3	71.4%	25.3%	公務	114	37	11.3%	3.6%
窯業・土石製品	78	12	17.1%	2.6%	教育・研究	476	63	46.1%	6.1%
鉄鋼	18	2	10.0%	1.4%	医療・保健・社会保障・介護	18	1	1.4%	0.0%
非鉄金属	26	3	6.6%	0.7%	その他の公共サービス	33	12	28.2%	9.8%
金属製品	53	7	15.4%	2.1%	★対事業所サービス	801	278	92.4%	32.1%
一般機械	15	6	3.0%	1.1%	★対個人サービス	44	10	2.8%	0.6%
電気機械	247	26	5.5%	0.6%	事務用品	41	14	59.2%	19.9%
輸送機械	12	4	1.9%	0.6%	分類不明	127	36	21.4%	6.1%
精密機械	3	0	0.7%	0.1%					

注：★は「5大ツーリズム（関連）産業」を構成する産業を指す。
出所：著者作成。

よるサプライチェーンの途絶と生産縮小の影響を受け易い産業と、「対事業所サービス」のように、その影響を受け難い産業があるが、総体的に後者が前者を上回る傾向があることがわかる。額や率は小さくなるものの、2次以降の波及効果についても同様の傾向が見られる。

◉復興の視点からみたツーリズムの可能性

中間財の残存需要とその波及効果（後方連関効果）にしても、震災が福島県の経済に与えた複合的な影響の把握にはやはり、最初のインフラやライフラインの損壊（直接被害）の確定を待たなければならない。そこで本稿では被害額の確定を離れ、震災からの復興をシミュレートし、各産業の中間財取引の特性を反映した「5大ツーリズム関連産業」や他の二九産業について、その復興効果の大きさや、効率を比較した。

①他産業の災害耐性

図表2からはまず、「分類不明（産業連関表の作成過程での誤差などが累積する）」を除き「電気機械」のサプライチェーンの途絶を優先的に復旧した場合（ここでは、被災前の生産額に応じた中間財の需要額への回復を想定している。したがって、本稿のシミュレーションは「復興」ではなく「復旧」のケースに近い）、自産業の中間財需要を八二億円、他産業のそれを二四五億円、合計で、全産業中で最も大きい三二七億円増加させることがわかる。また、この値を「電気機械」の復旧した生産額で割った派生効率は、自産業が六・六％と全産業中五番目、他産業も一九・六％と一〇番目に高い。これは、東北地方には大手電

図表2　サプライチェーンの途絶の改善効果

	1次改善額（億円）	他産業1次改善額（億円）	1次改善効果	他産業1次改善効果		1次改善額（億円）	他産業1次改善額（億円）	1次改善効果	他産業1次改善効果
★5大ツーリズム産業	48	315	2.7%	17.6%	その他の製造工業製品	8	59	2.3%	18.3%
農業	16	32	7.6%	15.4%	建設	0	107	0.0%	20.2%
林業	2	2	11.3%	13.4%	電力・ガス・熱供給	21	120	3.4%	19.4%
漁業	0	1	0.5%	11.7%	水道・廃棄物処理	7	15	6.9%	14.1%
鉱業	0	5	0.0%	34.7%	★商業	2	63	0.6%	18.1%
★飲食料品	17	97	3.0%	17.6%	金融・保険	9	18	6.9%	13.1%
繊維製品	0	5	1.0%	14.5%	不動産	0	4	0.2%	6.1%
パルプ・紙・木製品	11	47	5.0%	20.7%	★運輸	18	48	6.2%	16.9%
化学製品	13	58	4.9%	21.4%	情報通信	5	13	5.4%	14.9%
石油・石炭製品	0	0	0.5%	17.1%	公務	0	38	0.0%	16.5%
窯業・土石製品	3	25	2.8%	21.3%	教育・研究	0	34	0.1%	15.7%
鉄鋼	1	9	2.4%	17.5%	医療・保健・社会保障・介護	6	49	1.7%	15.3%
非鉄金属	2	13	2.1%	13.1%	その他の公共サービス	0	3	0.0%	16.3%
金属製品	1	13	1.2%	13.7%	★対事業所サービス	7	18	4.2%	11.3%
一般機械	3	20	1.9%	14.6%	★対個人サービス	5	89	1.2%	20.2%
電気機械	82	245	6.6%	19.6%	事務用品	0	6	0.0%	25.7%
輸送機械	3	25	1.9%	14.0%	分類不明	0	59	0.0%	69.3%
精密機械	0	27	0.3%	23.2%					

注：★は「5大ツーリズム（関連）産業」を構成する産業を指す。
出所：著者作成。

気機械メーカーの工場や、それらに中間財を供給する協力企業などが集積していることの影響と考えられる（二〇〇七年の福島県の「電気機械」の県内生産額は約二兆円、中間投入も約一兆四〇〇〇億円と全産業で最大）。しかし、製造業の場合、域内他産業であれ移輸入であれ、別の中間財の代替による生産の維持は難しいであろうことは前述の通りである。よって、「電気機械」を優先復旧させたとしても、シミュレーション通りの高い復旧効果が期待できるかはわからない。同じことは、「5大ツーリズム関連産業」の一角を成すものの、同じ製造業である「飲食料品」にもいえよう。

②ツーリズムの災害耐性

図表2からはまた、「5大ツーリズム関連産業」には、そのサプライチェーンの途絶を優先的に復旧しても、自産業の中間財需要は高効率で復旧するものの、他産業の復旧にはさほど寄与しない産業があることもわかる。たとえば、「運輸業」の途絶を優先的に復旧した場合、自産業の中間財需要は一八億円増加し、その派生効率も六・二％と全産業中六番目に高くなる。一方で、他産業の中間財需要は四八億円の増加に留まり、派生効率も一六・九％と全産業中一八番目と中位である。他方、図表2からは、同じ「5大ツーリズム関連産業」でも、そのサプライチェーンの途絶の優先的な復旧により、他産業の中間財需要を高効率で回復させる一方で、自産業の回復にはさほど寄与しない産業があることがわかる。たとえば、「対個人サービス」のサプライチェーンの途絶を優先的に復旧した場合、自産業の中間財需要は五億円増加するが、その派生効率は全産業中二一番目の一・二％に過ぎない。しかし、他産業の中間財需要を八九億円増加させ、その派生効率も二〇・二％と全産業中九番目に高い。「飲食料品」のよ

うに、そのサプライチェーンの途絶を優先的に復旧させた場合、自産業及び他産業の中間財需要共に全産業中で中位の効率で復旧させる産業もある（ただし、製造業である「飲食料品」の場合、シミュレーション通りの結果を得るのが難しいであろうことは前述の通りである）。いずれにせよ、図表2からは、「5大ツーリズム関連産業」のサプライチェーンの途絶を優先復旧し、その生産額を五九五一億円から七七三六億円まで回復させた場合、同関連産業の中間財需要は一九一九億円から四八億円増加する一方で、他産業の中間財需要も三三五五億円から三一五億円増加させる。さらに「5大ツーリズム関連産業」の中間財需要の派生効率は二・七％と低いが、他産業の派生効率は一七・六％と、復旧中間財需要額と共に効率でも全産業中一四番目に高い値となる。

この結果は、支援を含む移輸入を通じた集中的な代替財、サービスの供給により「対個人サービス」や「運輸」等のツーリズム関連産業のサプラーチェーンの途絶を先行して復旧させた場合、それはツーリズムのみならず、他産業の効率的な復旧にも大きく寄与する可能性を物語っている。七割前後の全国ほどではないが、二〇〇七年の福島県のＧＤＰに占めるサービス業の割合も六五・五％と高い。サービス業の集積と高い依存関係がツーリズムの優先復旧に伴う全体の中間財需要の効率的な回復の背景にあることは想像に難くない。加えて、特殊かつ多様な中間財供給の復旧が不可欠な製造業に比べ、復旧に必要な中間財、サービスの移輸よる代替の可能性が高いことがツーリズムの回復を早め、それが他産業に効率的に波及するといった好循環が期待できることを、シミュレーションの結果は物語っている。

◉おわりに

本稿の考察を通じ、構成する産業間でばらつきは残るものの、ツーリズムは、災害からの経済的な復旧に強い中間財の取引構造を有した、災害耐性の高い産業であることがわかった。しかし、本稿は、その中間財の取引を通じた間接被害の把握と考察に留まることに留意が必要である（ただし、震災が経済に与えた影響を、中間財の配分行列や投入行列の安定的な関係（固定係数）の変化として把握しているため、この結果はツーリズムの安定的な産業特性を反映したものであり、直接被害の多寡によって、結果の大きさは変わることはあっても、大小や高低に変化はないと思われる）。ツーリズムの包括的な復興には、産業および社会インフラやライフラインの復興が不可欠である。また、東日本大震災に関しては、原発事故による風評や消費自粛の影響も大きい。よって、考察の出発点である直接被害が確定次第、関東や他地域の関係を踏まえた、より明確かつ現実的なツーリズムの災害に対する耐性を検証する必要がある。ただし、その場合でも、本稿で検証した中間財の取引構造を踏まえたツーリズムの高い災害耐性に変わりはない。

被災地と観光
―福島の地から―

安田　純子

◉はじめに

周知のように、福島は二〇一一年三月一一日の大震災と原発災害によって二重の意味で被災地となった。福島県は全国でも有数の農業県（くだもの王国）であると同時に、山岳美や多数の温泉に恵まれた観光県でもある。そこで、福島県の観光を考えるとき、単なる観光＝景勝だけではすまされない大きな問題を抱えることになった。すなわち、「景勝」だけではなく、「継承」「警鐘」をも併せて考える必要に迫られる状況に立ち至っている。そこで、本稿では、この三つの概念を含んだ〝ケイショウ〟をもとに、観光を考えていきたい。

◉福島について

まず少し福島について紹介しておきたい。福島県は全国で三番目に広い面積を持ち、太平洋側から会津の山地まで様々な地形や自然の景観に恵まれている。国立公園が三カ所、国定公園が一カ所、県立自然公園が一一カ所（二〇一二年現在）と、訪れるに値するところは豊富である。観光資源となる伝統文化も豊富で、観光の対象となる歴史的財産も無数にある。会津、中通り、浜通りの三つの地方に分かれ、気候や風土、人情など三地方独特の特徴を持っている。今回の震災と原発災害では、浜通りと中通りが主に被災し、会津地方は奥羽山脈を越えて太平洋や原発からは遠い距離にあるが、同じ福島県というだけで風評被害にあっている。

被災地エリアへの観光という点で、福島の事情は、震災というだけではなく、〝フクシマ〟として原発事故の影響が大きいために、他とは少し異なっている。それは、本当の事故収束には長い年月を要し、これまでだれも経験したことがない放射能への不安があるからである。放射性物質のために癒しの要素であるはずの緑や豊かな自然が逆の要素になるおそれがある。そして、新鮮豊富で美味しいはずの食べ物は検査を必要とされるなど、マイナスの要因が大きくのしかかっている。もともと自然に恵まれ、多くの温泉地があり、人情味あふれるこの地域の産業や観光が壊滅的打撃を受けている。風評被害も含め、克服すべき課題は大きいといわざるを得ない。そのためにこそ、可能性を追求し、クリエーティブな発想が必要とされている。

◉〝景勝〟と観光

〝景勝〟は、観る者を和ませ、癒し、時には活力を与えてくれる。景勝地は、何百年、何千年もの年月をかけて自然が造りだしたものである。福島県には山や渓谷、海岸や湖など、多様な景勝地が数多くある。温泉とセットの癒し観光も盛んであったが、今回の災害によってダメージをうけた景勝地も少なくない。しかし、以前とは異なるにしても新たな〝景勝〟となり得ることが期待される。

〝景勝〟は人を惹きつける。時には震災によって止まっていた人の動きを誘起させる。〝景勝〟は観光を促進させる要素である一方で、観光には景勝地を蘇らせるという力強さがある。つまり、景勝地は観る者がいてこその景勝地であり、観光者の賑わいは〝景勝〟をもつ観光地の経済効果はもとよりその地の活気を取り戻す力もある。そして、震災を経験したからこそ、その地の人たちの〝おもてなしの気持ち〟が表出し、観光者の心のなかの〝景勝〟とさらに繋がるのであろう。福島は自然に溢れ、人情味あふれ人間関係が濃い地域である。例えば、猪苗代・磐梯・北塩原の三町村にまたがる磐梯山地区（裏磐梯）は二〇一一年九月、日本ジオパークに認定され、世界ジオパークを目指すなど、「大地の公園」にふさわしいリゾート地である。ただし、〝景勝〟は、災害によってだけではなく、人によってたやすく壊されることもあることを忘れてはならない。観光を楯に、経済効率を優先したり目先の利益のために〝景勝〟を損なうことのないよう、自然との共生が望まれる。

◉ 〝継承〟と観光

現在被災地エリアへの観光や復旧復興支援のための観光が唱えられ、二〇一二年三月から一年ほどの期間、「こころをむすび、出会いをつくる。」というテーマで「東北観光博」が開催されている。東北全土が開催地となり、人とふれあい、東北ならではの文化を体験し、土地に息づく郷土料理を味わうという愉しみ方をあげている。その経済効果だけではなく、人の賑わいや活気を取り戻すことに期待が寄せられ、人との繋がりを感じるという点でも意義は大きいと考えられる。例えば、会津では、最もポピュラーな郷土料理「こづゆ」（干し貝柱、里芋、人参などが入った具沢山の汁物）を食べ、伝統工芸士の匠の技を見ながら会津漆器を買い求めることもできる。

観光は、その土地の伝統文化の掘り起こしと宣伝に貢献し、結果としてその〝継承〟にも寄与し、時には町おこしに関わることがある。伝統文化は、伝え行う〝所〟があり、〝人〟がいて、それを観る〝人〟がいることで絶やさずに〝継承〟していくことができる。つまり、伝統文化は大切な観光資源であると同時に、観光は伝統文化を伝え〝継承〟していくために大きく貢献している。歴史ある伝統文化を絶やさず盛り上げていくために観光が果たす役割は大きいといえるであろう。例えば、「相馬野馬追（そうまのまおい）」は震災と原発事故の警戒区域のために二〇一一年は開催が危ぶまれ、規模を大幅に縮小しての実施となった。二〇一二年七月、甲冑競馬と神旗争奪戦の会場となる雲雀ヶ原には四〇〇騎（内二八〇騎が神旗争奪戦参加）の勇ましい姿を観に四万二〇〇〇人の観光客が訪れ、千年続く歴史を絶やさずに次年に繋ぐことができた。

伝統文化の一つである〝まつり〟は、ある意味でイベントであり、観光目的となっている。〝まつり〟は歴史と文化の結集であり、人と人を繋ぎ、地域力を高めて活性化させることに貢献する。例えば、毎年一〇月に二本松市で日本三大提灯祭りの一つである「二本松の提灯祭り」が行われているが、二〇一一年は原発事故の影響で観光客が大幅に減った。二〇一二年は〝伝統の灯りで元気復興〟をうたい、併せて三〇〇〇個もの提灯をつけた七台の太鼓台を若連と呼ばれる男たちが威勢よく引き回し町内を練り歩いた。例年同様の人出となり、三六〇年続く伝統の祭りを盛り上げることができた。郷土の伝統行事

（文化）の〝継承〟は、〝その土地〟で〝行う人〟と〝観る人〟がいるということで成り立ち、観光者の賑わいがエネルギーになるのである。

◉〝警鐘〟と観光

震災から月日がたち、地域では温度差が生じてきている。間接的に見聞きしたことは記憶に薄いものであり、しかも眼中から離れているものは脳裏からも離れていくのは当然であろう。辛いことや悲しいことを「忘れること」はむしろ必要な場合もあるであろう。しかし「忘れてはならない」し、まだ現状では放射能問題の収束とはほど遠い状態である。そこで、原発事故によってエネルギー転換の未来を考える原点ともなる地、福島（フクシマ）を直に訪れ、被災した東北人の忍耐強い振る舞いに触れることやその思いを聞くことは、物見遊山だけではない昨今の観光目的の一つともなり得るであろう。〝覚悟〟をきめた人たちの話は深く、人間のはらわたに染み通る。心からのことばを聞くことができるであろう。未だ近寄ることができない区域には直接行くことはできないが、原子力発電所という〝巨大な魔物〟についていて直に感じることができるにちがいない。見えない恐怖に怯え、凌いだ人たちの相手を思いやる暖かな優しい心は〝おもてなし〟の心にも通ずるものがある。そこには〝癒し〟、〝慰安〟ということが身にしみてわかっている人たちがいる。その人たちが〝警鐘〟をならすのを、他人事として風化させてはいけないと考える。そこでは、〝風化〟はさせないが、〝風評〟に惑わされることのないよう、自分の目や耳で観ることが肝心であろう。

同じ福島県でも被災地から離れ、避難者を受け入れ部屋を提供した旅館やホテルなどの宿泊施設では、その経験を聞くことができる。その生の体験を聞くことも観光の一つの目的となり、実際、高校からその趣旨での修学旅行の予約があるという。他のだれも経験したことのない体験談に耳を傾けることは、机上のどんな学問よりも直接学ぶものがあるであろう。

福島県は、自然災害と〝文明〟が相乗して引き起こした災害の被災地として未来に向け〝警鐘〟を鳴らし、エネルギーや医療をはじめとして新たな社会の可能性の最先端基地としての役割を担おうとしている。新たな流れを創っていきたいとして「ふくしまから　はじめよう。」というスローガンも提起されている。例えば、エネルギーについて二〇一二年一一月に「ふくしま復興・再生可能エネルギー産業フェア二〇一二」というイベントが郡山市で開かれた。原発事故によって新しく取り組まねばならない課題が山積しているが、観光者が集まるということは、そのフロンティア精神の励みとなることであろう。

震災後、人々は、自然への畏怖と憧れ、そして人間も自然の一部であることを再確認している。J・パスモアが『自然に対する人間の責任』（間瀬啓允訳、岩波書店、一九九八年）の中でいっているように〝人間は完全に自然に依存するものであること〟〝自然は人間による破壊に傷つきやすいものであること〟を受けとめている。また、人間的接触の大切さや、カネが決して豊かさを意味するものではないことを改めて悟り、人間の共同性や協力、協調性が必要なことを再認識している。つまり、人々は、人間が自然環境のバランスを崩したり、カネのために人為的に取り返しのつかないことをしたりすることに〝警鐘〟を鳴らすのである。先にあげた景勝地など自然の財産である資源を破壊することは、観光の観点からもマイナスなことであり、さらに人間が築いてきた文化財などの観光資源をカネの目的のために潰すことは、この間の経緯を考えれば単なる杞憂ではなく、厳しく〝警鐘〟を鳴らさざるを得ない。

◉おわりに

震災（事故）から一年半がたち、福島第一原発から距離が離れ比較的線量の低い会津地方には観光客が戻りつつある。会津若松市の観光業は、一時倒産や廃業の続出も懸念されていたが、県内や首都圏からの個人客を中心に温泉施設への宿泊客数が回復傾向にある。二〇一三年のNHK大河ドラマにも関係している会津若松はこれを盛り返しのための一つの資源としており、鶴ヶ城天守閣の入場者も増えてきている。しかし、子どもを福島県に旅行させることへの保護者の懸念が払拭されず、県外からの修学旅行など教育旅行の学校数は厳しい状況が続いており、現在は県内からの教育旅行がその穴を埋めている。

映画「フラガール」で一躍脚光を浴びたいわき市にある「スパリゾートハワイアンズ」（温泉利用のテーマパーク）は壊滅的な被害にあったが、たゆまぬ企業努力と新たな戦略の構築によって立ち直りつつある。「全国きずなキャラバン」公演などをへて、フラダンス・メンバーは二〇一一年一〇月に本拠地での公演を再開した。三橋勇氏は、すでに震災前に出版していた『新しい視点の観光戦略―地域総合力としての観光―』（学文社、二〇〇九年）のなかで、この施設について言及し、「常に顧客ニーズに素早く反応し、新しいことに挑戦し続ける創造性、創設期から培ってきた概念に捕らわれない逆転の発想力、そして一山一家で固く結ばれた絆の強さをもつスパリゾートハワイアンズであれば、どんな厳しい状況下にあっても勝ち残っていくであろうと期待している。」と述べていた。そのことばを証明するように、現にこの施設は精力的に盛り返しをはかっている。

三月一一日の同時災害発生直後の状況と比較すれば、地域によっては最悪期を抜け出したと思われる所や分野もなくはないが、いずれにせよ復興にはかなりの時間を要し、難しい問題も山積している。復興に向けて〝観光〟の果たす役割は大きく期待されている。福島における観光は、〝地方〟の魅力である人間味のある観光であることと、福島でしか味わえない福島独特の魅力を充分に生かすことの意味を再確認し、目の前にある課題の解決に結びつくような観光をいかに再構築するかを考えていかねばならない。

2

震災から学ぶ

災害から学ぶ『被災地ツアー』

——ボランティアじゃなくても被災地はあなたを待っている——

広瀬　敏通

◉日本は災害大国

世界の四〇〇分の一の陸地面積の国土に、世界で発生しているM6以上の大地震のおおよそ四分の一近くが日本の国土に集中している。さらに活火山は世界の約一五〇〇火山のうち、一一〇活火山が日本にある。これに加えて毎年の台風襲来、集中豪雨、豪雪などでの土砂災害、水害が日常化している国は世界でも極めて珍しい存在だ。日本は小さな国土だが、世界でもまれな四つのプレートが衝突しており、海岸線の長さではアメリカ、オーストラリアを凌いで世界第六位。それは長大な沿岸地域のどこでも津波災害は身近な脅威だったことを現す。災害ではわが国は比類なき大国と言えるだろう。災害という言葉は人間（社会）が自然現象によって何らかの被害をこうむった場合をさし、無人の荒野で大津波があろうと大噴火があろうと災害とは呼ばない。

わが国では平均的な日本人が一生に一度以上、何らかの大きな災害の当事者になる。

◉災害は自然現象

そんな国に暮らす人々は何故、災害だらけの土地を離れなかったのだろう。今回の東日本大震災の被災地で身内を亡くした被災者の口から『津波は恐ろしいが、憎む気にはなれない。自然現象だからね』（NPO法人「森は海の恋人」畠山信氏、南三陸町歌津伊里前契約会会長（当時）千葉正海氏。）という意外な言葉を幾人もの口から聞いた。津波を一世代のうちで二回も体験する地域だ。だが、津波が数十年に一度襲うこの海岸沿いの土地は同時に、津波がもたらした肥沃な土地でもある。リアスの沿岸は津波後に漁獲高が飛躍的に上がるともいう。今回も被災後数ヵ月後にプランクトン数が驚くほどに高まり、牡蠣の稚貝やワカメの生育が被災前とは格段の違いが見られた。魚類も沿岸に多く姿を見せている。被災した漁師たちはこの海の恵みに感謝してさえいるし、この姿は昭和三五年（一九六〇）や明治二九年（一八九六）の津波被災時の漁師も同じだった。現に沿岸部の集落では「牡蠣御殿」「ホタテ御殿」「サンマ御殿」「ワカメ御殿」と呼ばれた瀟洒な奥州瓦の立派な家々が並び、それらの多くが今回被災していた。

さらに津波以外の災害を見てみよう。「土砂崩れ」は川を堰き止め、湖を作り出し、「火山の噴火」は温泉や地熱を産み出し、豊富な湧水が湧き、降灰がなだらかな暮らしやすい大地と森、ミネラルたっぷりの土壌を形成する。日本の自然とその景観は災害の賜物と言っていい。被災当初の一〇数年こそは、破壊と荒涼の不毛の地ではあっても、いつしか、自然は自らの秩序を取り戻し、そこで生き続ける人々に他所では得られない恵みをもたらしてくれる。日本人のDNAには災害の悲惨に負けない楽天的で前向きな自然観がある。

◉災害時に見られる利他と貢献の行動

古今東西、悲惨な災害時には我が身の危険や損得を考えずに人を救助する人や無私的な援助行動が頻繁に見られる。こうした『災害時のユートピア』と称される現象は、阪神淡路大震災でも、筆者の見聞で発生していたことを報告しておきたい。まだ混乱のるつぼだった二日後に現地に入った筆者が、芦屋の小学校や西宮の体育館など、騒然と言ってもいい状況下で、何か清清しい雰囲気と極めて前向きな言動を現場のリーダーから受けたが、この人たちは発災から一睡もしていないなか、『ここを支援してくれるのは有難いですが、この先にもっと大変なところがあります。そこを助けてください』と口を揃えた。そして他の皆さんもあの混乱下でテキパキと働いていたことは印象的だった。この災害時に見られる強い利他的行為の共有は、あいにく長続きせず、ひとときのエピソードで終わる。個々人では利他的行為や貢献感情は被災地の現場で繰り返し起きるのだが、一定の空間で共有されたそれは何故、長続きしないのか。おそらく、災害現場がせつな的な時間や人間状況であることや、マンパワーのみでコトを処理する時期は災害直後であることによるのだろう。

さらに言えば、こうした現象を教育的な、あるいは組織論的な位置づけをするものがなく、「事中」の混乱で通り過ぎてしまってきたからだろうか。

◉災害教育とは

災害教育とは、被災地の現場が持つ教育力、学ぶ力に着目した考え方で、その特徴は強い利他的な行為や貢献の感情が生まれることである。一般社団法人RQ災害教育センターは災害教育を『被災地で被災者、ボランティア、訪問者らが、被災地や被災者の窮状に接して抱く共感や利他的な行為、貢献の感情を、人格的成長の資源として捉え、教育体系に位置づけるための取り組み』と定義し、災害ボランティア活動をはじめ、被災地との関わりを通して得られるヒューマンで災害に強い社会形成に不可欠なものと位置づけた（災害教育／RQ市民災害救援センターシンポジウム二〇一一、RQ市民災害救援センター）。

災害教育として見られる学びの仕組みを偶然の所産にせず、必然化、普遍化するのは、災害大国での減災や防災への取り組みにおおいに役立つと考えられる。この効果は、災害ボランティアや被災者本人が被災地での活動を通して社会的な貢献に積極的に取り組む人格的な成長が生まれるだけではない。被災地（応援）ツアーや青少年の修学旅行、教育旅行への参加など、災害被災地や被災者に直接触れる体験をもつことで、そこから得られる強烈なインパクトを伴った「私も何かしなければ」「私でも役に立てる」という貢献の意識の醸成がその人の社会参加をポジティブに変えていくと期待される。

◉現場に立つ

絶望感にも襲われるほどの現場の壮絶さは災害の特徴である。しかし、災害現場のもう一つの特徴は、つい先日まで平和な日常がそこに在ったという落差への気付きであり、その日常を奪われた普通の人々がなおも、『被災者』としてそこに居ることである。

戦場や地獄でもない、ごく当たり前の町や村だったことは、ボランティアや訪問者である自分の生活や人生に照らし合わせやすく、それだけに強烈な衝撃と共感、そして貢献の衝動を生み出す。現場を見る、現場に立つ、現場で考える、被災者の方から、ボランティアから話を聞くことで、通常では得られない大きな学びが生まれる。さらに、ボランティアなどでの活動は、臨機応変・即断即決・適材適所・柔軟さ・多様な立場や声の受容・ニーズ受信力・自己判断力・調整力・企画力・行動力・交渉力・行政や複数の住民集団、他団体とのコミュニケーション能力など、日常生活ではあまり触れることのない状況や判断を求められる場面に直面する。その結果、被災地の現場に身を置くこと自体が自分の対社会や対人的にも人間的な幅が生まれてくることを実感する。

東日本大震災から一ヵ月ほど経った気仙沼最北の湊集落では、家々のあった場所が全て流され、辛うじて難を逃れたお年寄りを中心とした被災者七〇人が高台の「月山神社」講堂に避難生活を送っていた。若者の姿の無いこの避難所にＲＱから派遣された宮城教育大生二名が一週間の共同生活をしつつ水汲みや炊事、物資調達などのお手伝いをしてＲＱの本部に戻り、他のボランティアに引き継ぐときの言葉を紹介する。

『前略

ぼくが言えること。教訓としてここに残せるかもしれないことは、すべての避難所にはすべての人には、これは避難所のおばちゃんの言葉ですが、「ドラマがある」ということです。すべての人の一つ一つの心に僕ら被災していない人間が計ることのできない悲劇が、深すぎる悲しみがあるということです。ただただあの人たちを思ってあげてください。あの人たちがしてほしいと思うことも一生懸命考えて行動してください。目を放さないでください。愛してあげてください。そして力になってあげてください。彼らの心を一番大事にして、そして全身全霊で役にたってください。お願いします。』

強烈な利他や貢献の衝動はその人を突き動かし、成長させる。この学生はその後、大学でボランティアセンターを立ちあげて支援活動を続けた。

災害教育はボランティア活動に参加するだけしか得られないのではない。以下のような取り組みも充分可能である。

①災害ボランティアに参加する⇩『救援で行った自分がもっとも育てられました。』

②被災地スタディツアーに参加する⇩被災地を知る、忘れない、お金を落とす。

③修学旅行や課外授業で来る⇩被災者やボランティアの話と案内で初めて見えてくる。

④被災地・被災者と親しくなる⇩具体的な二人称で捉えると他人事から自分事になる。

◉被災地型自然学校

東北各地で活動したボランティアたちが、緊急支援期を終えて中長期の復興支援に応えるためにボランティア団体から地域団体化しつつある。地元住民や被災者との協働による組織へと移行しており、これを筆者は『被災地型自然学校』と呼んでいる。被災地型自然学校は復興支援活動を行うだけでなく、多様なボランティアや被災地支援ツアーなどを受け入れつつ、教育的な視点をもって活動を展開することが出来る。それは、災害教育を受け手側で支える役割を負うだろう。そのためにRQ市民災害救援センターの母体となったNPO法人日本エコツーリズムセンターでは二〇一一年一二月から二〇一二年一二月まで八回に亘る研修を開催して来た。ボランティアや地元住民の方々は自然体験活動も自然学校も知らないが、自分達がやってきたこと、これからやろうとしていることが災害教育であることは、よく理解していた。そして災害教育を普及することが災害大国である日本社会でとても重要な意味を持つことについても理解していた。被災地に訪れる人々に対して、被災地の現場を景色ではなく、生活の場であったことをしっかりと伝えていくことが重要だ。そこで暮らしていた人々の声を直接、聞ける機会を持つことで、訪問者の心には確実な変化が訪れる。これを定着させるために具体的な行為を現場で提案することも大事である。

◉災害から学ぶ《被災地ツアー》

すでに岩手県釜石、宮城県気仙沼市唐桑、南三陸町歌津、石巻市河北、福島県いわき、南相馬などでRQの元ボランティアたちを中心に被災者も加わった被災地ツアーの発信と実施が生まれている。『漁業体験・子ども広場・海と山をつなぐ循環・古道の復元・語り部・日本の原風景・複田体験etc』。その中にはJTB、日本旅行、クラブツーリズム、HISなど大手旅行社と提携するところまで行っているものもある。

思い起こせば筆者は中越地震の激震地であった川口町で「ここに修学旅行の子どもたちを寄こしてほしい」と訴えてきた。二〇〇八年の岩手宮城内陸地震ではその震源地に日本エコツーリズムセンター主催で《震災復興エコツアー》を回を重ねてきた。これは今も続く取り組みである。しかし当時、こうした試みは一部からとはいえ強い非難が巻き起こった。それが東日本大震災では観光庁からも「被災地ツアー」の呼びかけが起きるようになった。まさに昔日の思いである。

大事なことは日本人が災害を他人事に片付けず、自分も当事者となりうる感覚をつねに呼び起こす仕組み作りだ。それは被災地に「買い物ツアー」でも「スタディツアー」でもいい、被災者と顔を突き合わして体中で災害の実相を感じることである。人間は古今東西、悲惨な災害を蒙った人や地域に対して、共感・貢献・利他の感情や行為を繰り返してきた。こうしたことを仕組み化しようというのが筆者の提案である。それが被災地の小さな産業になり、生き甲斐を持つ被災者も現れよう。しかし何より、災害大国日本に暮らすものとして必須の感性を養う場になるのだ。

災害は逃れようがなく私たちを突然襲ってくる。それを一生憎むのか、あるいは生き残ったことを感謝し、祝福されるのか。それはその人の人生を一八〇度変えてしまう問題だ。被災地ツアーはこうした問題を乗り越える視点を与えてくれるだろう。

ボランティアツーリズムの可能性

山下　晋司

◉震災後の観光

東日本大震災は観光に大きな影響を与えた。とくに震災が発生した二〇一一年三月には、日本を訪れる観光客は激減した（本書「まえがき」参照）。訪日観光客が大きく落ち込んだことを受けて、二〇一一年四月には、観光庁は、観光により「日本の元気」を積極的に発信していくことは被災地への応援に資するとし、「がんばろう！日本」の旗印の下で、観光の振興ためにキャンペーンを行い始めた。溝畑観光庁長官（当時）は北京やソウルを訪問し、震災後の取り組みについて説明し、日本の安全性を強調した。

六月になると、東日本大震災復興構想会議が「復興への提言」を行い、観光について次のように述べている。「観光業は裾野の広い経済効果を生み、農林水産業と並び、復興を支える主要産業である。……美しい海など自然の景観や豊かな『食』、祭・神社仏閣等の原文化、国立公園や世界遺産などのブランドなどの地域観光資源を広く活用して、東北ならではの新しい観光スタイルを作り上げ、『東北』

を全国、そして全世界に発信することが期待される。……風評被害防止のため正確な情報発信や観光キャンペーンの強化などにより、国内外の需要の回復、喚起に早急に取り組むべきである。また、震災を機に生まれた絆を大切にし、復興プロセスを被災地以外の人びとが分かち合うことも大切である」。

この提言には、「東北ならではの新しい観光スタイル」とは何かについての具体的な言及はない。私は、一九九五年の阪神淡路大震災に続き、今回の震災においても注目されたボランティアを震災後の新しい観光のコンテクストに位置づけるのがよいと考えている。事実、ボランティアツアーという言葉が使われ、二〇一一年八月には、名鉄観光の「岩手県陸前高田で活動する災害ボランティアとさんさ踊り見学ツアー」、近畿日本ツーリストの「花火ボランティアツアー」、H・I・Sの「岩手三陸海岸復興支援&観光コース　今こそ東北へ行こう五日間」などの企画が出ていた。

◉ボランティアツーリズム

「ボランティア」と「観光」の組み合わせは、ボランティアを「まじめ」、観光を「遊び」と考えるならば、奇異にみえるかもしれない。しかし、「被災地に旅行し、そこで滞在することは被災地の復興の一助となる」というのが、二〇〇四年スマトラ沖津波の被害を受けたタイ・プーケットの教訓であった（市野沢潤平「危険からリスクへ―インド洋津波後のプーケットにおける在日日本人と風評被害」『国立民族学博物館研究報告』三四巻三号、五二一～五七四頁、二〇一〇年）。

「復興ツーリズム」としてのボランティアツーリズムは、様々なかたちで展開された。例えばクラブツーリズムは、二〇一一年六月から一〇月にかけて、ＲＱ市民災害救援センターとの連携で、二泊三日の「東日本大震災復興支援宮城県ボランティア」と称するツアーを行った。一日目は朝バスで東京を発ち、鳴子温泉に宿泊。二日目は、RQのコーディネーションのもと、市民災害救援センターの指示に従い、登米市、南三陸町、気仙沼市、または石巻市でボランティア活動に従事、三日目の夕方東京に戻るというものである。期間中約六百名の参加者があり、年齢層は二十代から六十代まで、女性が多かったという。

ツアーは、乗り物の手配と集客は旅行代理店で、現地対応は現地に支援活動を行っているNPO（この場合はRQ市民災害救援センター）との協働によって可能になった。RQ市民災害救援センターは、震災直後の二〇一一年三月一三日NPO法人日本エコツーリズムセンターが中心となり、団体の活動に賛同した市民有志で結成されたもので、ツーリズムとの接点をもった団体だ。その意味でこの種のツアーを「NPOツーリズム」と呼んでもよいだろう。

日本旅行も、RQ市民災害救援センターとの連携で同様な企画を行い、九月～一一月には「トムソーヤクラブ」で中学生・高校生と保護者を対象に「親子で行く東北ボランティアツアー」を企画した。日本旅行は修学旅行分野を得意とする代理店だが、このツアーは「震災から学ぶ」がテーマとなり、新しいタイプの修学旅行と言えるかもしれない。

「学びと旅の融合」をキーコンセプトに震災後に起業した会社もある。仙台に拠点を置く「たびむすび」だ。この会社の主な事業は「まなび旅」である。各自治体や防災担当者、研究者などに向けて「まなび旅」として「震災学習エコツーリズム」を提供するというもので、これにより「復興・防災・減災」の研究やノウハウの蓄積が図られ、また、被災地の新規雇用創出による経済復興に寄与するとしている（〈http://www.tabimusubi.co.jp/〉本書七六頁稲葉稿参照）。

私が理事長を務めているNPO法人「人間の安全保障」フォーラムでも、二〇一二年八月に宮城県登米市の南方仮設の夏祭り支援として、約二〇名の東京大学その他の学生たちや一般社会人の参加を得て、登米市と南三陸町への「まなび旅」を行った。また、「歌津てんぐのヤマ学校」は南三陸町歌津で子どもたちに学校を離れて遊ぶことを教え、自然のなかにある命の絆（ライフライン）を活用する知恵、昔ながらの生活力を伝承し、人間の力、コミュニティの伝統の力を再確認する場を創り出そうとしている（〈http://utatsu.blogspot.jp/〉）。さらに、「まなびのたねネットワーク」は、松島・浦戸・桂島と連携しつつ、交流体験学習プログラムを通じた「離島復興支援事業―海と共に生きるために 浦戸・桂島から学ぶ」を展開している（本書八四頁伊勢稿）。

◉絆を求めて

こうしたボランティアツーリズムが展開されるなかで、「震災を機に生まれた絆」も育っていくかもしれない。ボランティアについては、ＪＴＢも「当初はがれき清掃のような復旧作業が中心だったが、現在は、植樹や農業、漁業の手伝いなど復興支援へと幅が広がっている。これに加え、地元の人が震災の経験や教訓を語り継ぐようなプログラムなどが増えており、双方向に交流できる新しいボランティアの形が広がる」として、「東日本大震災を契機にボランティアに参加する人や寄付金付きの旅行に参加する人が増えた。また離れて住む親族や友人との関係を見直す人が増えた。二〇一二年も、被災地支援に何らかのかたちで役立ちたいと思う人や、遠くの親族や友人と会う機会を増やす人が多くなり、同窓会などへの参加も増えると見込まれる」と述べている（ＪＴＢ広報室、News Release 九九号、二〇一一年）。

このようなかたちで形成されるホストとゲストの「絆」の重要性は、高い代償と引き替えに、私たちがこの震災から得た教訓の一つである。

興味深いのは、ボランティアツーリズムの仕掛け人の多くは、観光産業ではなく、社会的な活動を目指すNPOだという点だ。社会的活動としてのツーリズム――このことは、近代観光というものが、そもそも一八四一年にトマス・クックが禁酒運動の大会参加者をレスターからラフバラーまでチャーターした列車で運んだことに起源したという事実に照らすと興味深い。観光の誕生においてその目的はある種の社会活動を行うために旅を活用するところにあったのである。

その意味では、ボランティアツーリズムはソーシャルツーリズムでもある。ソーシャルツーリズムは「観る」ことよりも「交流する」ことに楽しみを見出す。マスツーリズムにおいては、観光客する側（ゲスト）と観光客を受け入れる側（ホスト）はなかなか出会わない。震災後の復興ツーリズムにおいては、「交流カフェ」のような両者が出会うためのソーシャルツーリズムの仕掛けをつくるべきだろう。そもそも観光とは人と文化の交流なのである。

◉震災の忘却、震災の記憶

ところで、震災を忘却するのか、記憶するのか。被災者の選択はアンビバレントだ。そうしたなかで南三陸観光協会が、「学びのプロジェクト」と称して、南三陸町の語り部ガイドによる被災ツアーを行ってきたことは注目に値する。同協会の及川和人によると、語り部ガイドは、神戸の震災を経験した関西のNPOの提案により、町の観光ガイドを使って、二〇一一年五月に「南三陸福興市」でブースを設けたのがはじまりだったらしい。二〇一二年六月の時点でのべ六千人が参加したという。また、ホテル観洋南三陸でも、二〇一二年一月末より宿泊者に対し「語り部バス」をスタートさせて、約一時間の市内被災ツアーを行っている（本書一六一頁阿部稿参照）。

「はじめに」でも触れたように、二〇〇四年のスマトラ沖地震と津波で大きな被害を受けたインドネシア・スマトラのバンダアチェーでは「惨事を記憶するためのツナミ観光」が行われている。東北地方でもいずれ今回の大震災を記念した施設がつくられるだろう。これはいわば“Places of Pain and Shame”つまり「負の遺産」だ。「負の世界遺産」としては、アウシュビッツ強制収容所や広島の原爆ドームなどが有名で、国際的な観光地にもなっている（本書二二四頁飯塚稿参照）。一九八六年に事故を起こしたチェルノブイリ原発もいまや見学ツアーが解禁され、世界中から客が訪れているという（『朝日新聞』二〇一二年一二月二七日朝刊）。

観光の対象はそれゆえ、「光」だけではない。「影」もその対象となってもよいのである。そうした意味では、震災・津波・原発事故というネガティブな経験を通して、東日本大震災は、新しい時代の新しいツーリズム概念が誕生するきっかけになるかもしれない。「負の遺産」は新しい創造を産む原動力でもある。

◉リスク社会のなかで——再帰的観光

ウルリヒ・ベックによると、近代社会は自らを発展させるために「危険」を産出するリスク社会である（東廉・伊藤美登里訳『危険社会』法政大学出版会、一九九八年）。その最たる例は原発事故で、ベックが「リスク社会」を出版するに至った大きなきっかけはチェルノブイリ原発事故だったという。つまり、原発は先端的な科学技術によって近代社会が富を生み出すのに不可欠なエネルギーを作り出すわけだが、今私たちが経験しているようにいったん事故が起これば、放射能汚染というリスクにさらされる。原発事故は、近代科学技術がもたらすリスク社会を象徴するものなのである。

そうしたなかで、東日本大震災は観光が極めてリスクに弱い産業であることを改めて露呈した。津波被害を受けたプーケットの研究から、柄谷友香は、観光地における危機管理は観光サービスの一つとして位置づけられるべきだと指摘している（「タイ南部における被災観光地での復興過程とその課題」林勲男編『自然災害と復興支援』明石書店、二〇一〇年）。地震や津波は自然災害であって、近代が生み出すリスクとは無関係であるようにみえるが、純粋な自然災害というものは存在せず、災害はある歴史的・社会的条件のなかで成立する社会的・文化的なものである。こうして、リスク管理とそれに基づいた安全性をどのように観光に取り入れていくかは今後の大きな課題である。そしてエコツーリズムやヘリテージツーリズムと同様、近代が生み出すリスクを観光の分野で管理し、乗り越えていく試みは、ベックの「再帰的近代化」（reflexive modernization）をもじって、「再帰的観光」（reflexive tourism）と呼ばれるべきだと私は考えている。

◉おわりに――「新しい公共」とボランティアツーリズムの可能性

最初に触れた訪日観光客数は、震災直後の二〇一一年四月を底に減少幅は徐々に回復し、震災一年後の二〇一二年三月には、全国的にはほぼ震災前の水準にまでに回復した（日本政府観光局JNTO〈http://

www.jnto.go.jp/jpn/〉)。しかし、東北地方に関して言えば、回復したとはとても言い難い。被災地の観光復興はまだまだこれからなのである。

一九九五年の阪神淡路神大震災以来、ボランティア活動に基づく「新しい公共」という領域が形成されつつある。復興ツーリズム、とりわけここで取り上げたボランティアツーリズムは、「新しい公共」事業の一つとして位置づけられ、そこでは観光客、地域社会、NPO、行政、そして研究者はタグを組めると私は考えている。このようにして展開される新しいかたちのツーリズムは、震災後の「絆」を追求しつつ、被災地の持続的復興にとっての有力な方法となるのではないだろうか。

福島県へのいざない

―学びの旅からの教訓―

関谷　雄一

◉飯野町の混乱

福島市飯野町（旧伊達郡飯野町）は、福島県伊達郡の南部、阿武隈高地北部の丘陵地域に位置している。古くから農業とともに養蚕業が盛んで絹織物業が発展したが、近年では産業構造が変わり、通信機器などの工場が立地している。県庁所在地の福島市中心部まで近く、国道四号、国道一一四号など道路整備が進んだことから、二〇〇八年七月の合併前は通勤通学者の六一％、人口の約二割が福島市に通っていた。養蚕業と絹織物の歴史を共有することから、東部に隣接する伊達郡川俣町との関係も深い。北部の山・千貫森は端麗な円錐形を成し町のシンボルの一つである。「古代ピラミッド説」やＵＦＯ目撃の都市伝説などがあり、「ＵＦＯの里」と銘打って度々テレビで紹介されている。二〇一一年三月一一日の東日本大震災以来、東京電力福島第一原子力発電所で起きた事故の影響で、飯舘村から避難してきた人々を役場ごと引き受ける等、飯野町の人々も震災による変化に翻弄されてきた。

東京・神保町にある文化・学術系出版社、言叢社の島亨氏、五十嵐芳子氏とのご縁で、二〇一二年三月末以来、数回にわたり飯野町を訪れ、同町社会福祉協議会有志の方々のお話を伺う機会を得た。著者は、アフリカ地域研究と開発人類学を専門としてきており、福島県には公私ともに縁もゆかりもない。福島県が、昔から太平洋岸から内陸に向けて浜通り、中通りそして会津地方の三地域に分かれていることも、東日本大震災以来のニュース等で初めて知った程度である。三月三一日、そうした友人とともに飯野町を訪れると、同町社会福祉協議会関連の有志の方々が、集会所に集まり、わざわざ会合を開いて下さった。著者は、自分が全く福島のことを知らぬこと、それでも東京大学で「人間の安全保障」という概念をめぐる研究教育活動をしていること、そして、可能であればその一環で飯野町の人々と協働しながら、被災地の方々が抱える難問について「一緒に考え行動をしたい」ことを伝えようと、会合に臨んだ。

飯野町有志の方々の話は著者の想像を超える切実さがあった。飯舘村や近隣の地域から大勢の避難民が押し寄せ、情報が乏しい中、どの情報を信じてよいのか分からぬ状況であった。著者が大学教員だと告げると、「科学者の言うことほど信じられないものもない」と一蹴されそうな勢いでもあった。著者と飯野町の方々とのお付き合いはこのような波乱の始まりであった。

◉飯舘村の線量計

飯野町社会福祉協議会理事の菅野正義氏の案内で、会合の後、飯舘村に行くことになった。飯舘村の旧役場は、飯野町から車で二〇分程度東に進んだ、丘の上にあった。特別養護老人施設、総合医療センター、本の森そして広いスポーツセンターなどが隣接する、最新の中枢区画であった。環境放射線が強いため、私たちが訪れた時には、時折警察のパトカーが巡回するくらいで、人気はなく静まり返っていた。

『飯舘村』を執筆した小澤祥司によれば、三月一一日に飯舘村の人たちもかつてない揺れを経験し、それ以後、浜通り方面から津波や原発事故後の避難指示を受けて、避難してくる人たちの受け入れに追われた。村の人たちは、自分たちが避難することよりは、避難してくる人たちのために炊き出しやお湯の提供に奔走していた。一一日以降、数日間にわたり、飯舘村近くを通り、福島市方面へ向かう国道一一四号線は、原発周辺から避難してくる人の車で前に進めないほど大渋滞が続いたという。三月一四日には、飯舘村役場のそばにある集会施設の敷地に、県の放射線モニターがやっと設置された。のちにシステムが自動送信式に変更されたが、当初は役場職員が一時間ごとに数値を読み取り記録を取っていた。三月一五日の一八時二〇分には、とうとう毎時四四・七マイクロシーベルトの高線量が計測されたという（小澤祥司『飯舘村：六〇〇〇人が美しい村を追われた』七つ森書館、二〇一二年）。

私たちが訪れた時も線量計は高い線量を指していた。原発事故以来一年以上がたっても環境上高い数字を見るに、福島県の厳しい現状が伝わってきた。私たちは同村で最も線量が高かった長泥地区へと足を運んだ。原発事故以来、長泥地区で起きた放射線をめぐる人々の混乱と戸惑いについて、明治学院大学のトム・ギルは興味深い報告をしている（*Gill, Tom, This Spoiled Soil: the response to radiation in Nagadoro hamlet, Iitate Village, Fukushima prefecture.* A discussion paper published at the Nissan Institute of Japanese Studies, Oxford University, 2011.）。

◉野馬追武者のまなざし

二〇一二年七月二八日及び二九日に、学部及び大学院の有志学生九人を連れて再び福島県へ出かけた。一年ぶりに南相馬市で本格的に再開される相馬野馬追（七月最終土曜日・日曜日・月曜日の三日間実施）に合わせ、福島県の伝統文化と現状を見て、関係者からの声を聞き、学問をする立場から同県の震災復興にどのように取り組むことができるのかを学生に考えてもらう機会を作ろうとした。それは、東大駒場が二〇一一年に立ち上げたＮＰＯ『人間の安全保障フォーラム（ＨＳＦ）』主催の「福島まなび旅」と名付けられ、実施された。七月二八日早朝、東京駅を出発し、福島駅に着いたその足でコーヒー専門店『椏久里』に向かい、主人の市澤秀耕・美由紀夫妻の話を聞きに行った。『椏久里』は元々飯舘村にあったが、中通り随一の本格的喫茶店とあって、飯舘村外からのお客も多く、福島市内に移転しても客の層の厚さは変わらない。いわば、客ごと福島市内に移転した形となった。飯舘村出身の市澤夫妻は村の歴史にさかのぼって震災直後に至る村や人々の状況まで詳細な話をし、学生は大いに勉強をした。また訪問当日は飯野町の五大院縁日の日でもあり、昼に飯野町に少し遅れ気味に駆けつけると三月末にお会いした飯野町の方々が、おにぎりや野菜の漬物、団子汁を用意して待っていてくれた。縁日のお話や震災直後の話を聞きながら、人々の暖かさをしみじみ感じていた。夕方には加えて県内の市民団体の方二人から、貴重な活動報告も伺った。

翌二九日は相馬野馬追祭を見るために早朝に福島市を出発した。福島市から南相馬市に向かう道は八木沢峠を通る原町川俣線一本しかなく、二九日は同祭のハイライト、野馬追武者の「お行列」が始まる十時前に、南相馬市原町の特設駐車場に駆けつけようとする見学客の車の長い列ができた。相馬野馬追は、相馬周辺の市町村から騎馬武者が集まり、大きな三つの妙見神（中村、太田、小高）を神輿で招いて催される祭で、今から千年以上前、相馬氏の遠祖・平将門が領内の下総国相馬郡小金原に野生馬を放し、敵兵に見立てて軍事訓練をした事に始まる。

鎌倉幕府の成立後も軍事訓練は一般に禁止されたが、相馬野馬追は神事という名目で脈々と続けられた。一八七一年の廃藩置県によって相馬藩が消滅して中村県になると、一八七二年に野馬原の野馬がすべて狩り獲られてしまい、野馬追も消滅した。しかし、原町の相馬太田神社が中心となって野馬追祭の再興を図り、一八七八年には内務省の許可が得られて野馬追が復活した。祭りでも有名な甲冑競馬および神旗争奪戦は、明治維新以後の祭事であった（ウィキペディア「相馬野馬追」〈ja.wikipedia.org/wiki/相馬野馬追〉二〇一二年一二月一〇日アクセス）。二〇一一年は大震災の影響で、ごく一部の伝統行事を残し、祭りは事実上中止になった。この事態は、太平洋戦争以来の出来事であった。

二九日当日、私たちは真夏日の日差しの中、しばし野馬追武者の行列に目を向けていた。午前中とは言え、すでに摂氏二五度には達していた暑さの中、鎧兜をつけて馬上に坐し、遠くを見やる若武者のまなざしは、被災から復興を目指して立ち上がろうとする、福島県の人々の忍耐強さ、力強さを物語っている気がしてならなかった。

その後、立ち入り制限が解除された南相馬市小高地区の市街と海岸線を見学し、津波で一掃され、何も残っていない街角を見て私たちは再び呆然とした。

◉私たちが学ぶべきこと

福島県への短い学びの旅で得たものは何だったのか。七月の旅の終わりに不覚にも著者は九人の学生との振り返りの場を設けなかった。いや、敢えて設けなかったのかもしれない。著者にも学びをまとめきれない気がしたからである。その夜、東京駅で夕食を共にした四人の学生との話し合いで振り返りの場が必要だったことに気付かされ、そのニーズに応えられなかった自分に気づき反省した。ただ、今もなお、著者は恥ずかしながら、福島県から教わることの複雑さと大きさに圧倒されるばかりで、うまくまとめられない気がしている。

震災発生以来、この一年半の間に、私たちは同県の問題を取り上げる数えきれないほどの記事・著作物・講演会を目にしてきた。東京大学大学院総合文化研究科「人間の安全保障」プログラムが主催する「震災・原発と人間の安全保障HSPセミナー」シリーズもいよいよ一九回目を数えた（二〇一三年二月時点）。その中で原発問題や福島県のテーマを取り上げたものも少なくない。錯綜する情報を何とか整理して考えてみても、低線量被曝に関わる問題は、未知の部分が多く、専門家でもよく分かっていないのが実情のようである。

福島県にあって避難区域に指定された地域に住んでいた方々の多くは現在も避難生活を強いられている。福島市内でも子どもは思い切り外で遊べない状況が続いている。原発問題があるがゆえに共同体や家族の絆さえも断たれている方々も多いと聞く。県内に残っている方々の多くは、原発問題について、考えることすら疲れている状態である。

福島県を訪れる度、あるいは、福島県から忙しい中駆けつけ、話をして下さる方にお会いする度、著者は原発事故に翻弄されている方々のご苦労を思い知らされる。知りながらも何もできない無力感にも襲われる。ツアーや講演会を通して、実際にあるいは思念上、一緒に福島県を旅している学生に、この問題に対して著者が何も答えを持っていないことをすでに見抜かれていると思う。著者がこれまで触れてきた自然科学・人文科学・社会科学のいずれもが、原発事故発生以後の福島県の問題には満足な答えを未だもたらしていない。残念ながら、私たちはすでにそのことにも気づいている。福島県の方々の経験や話から学ぶべきは、自然の驚異、科学の限界そして人々の絆の大切さという、人として生きてゆくための謙虚さである。

とはいえ、今もなお福島県の方々は毎日その現実と向き合いながら暮らしている。著者はそのことは忘れないよう心掛けている。学生を連れて上記のような、実際の、あるいは思念上の福島県への旅に出ることが、学生や私たちにとり、生きる上での大いなる学びと貴重な出会いとなっているように、企画を支援して下さる同県の方々にとっても有意義で楽しい時間であることを願っている。

◉復興を祈って

福島県への旅をお勧めする。環境放射線は確かに高いが、そこに暮らしている老若男女が大勢いることを思えば、低量の放射線を理由に旅を取りやめる気持ちにはならない。著者はこれからも、「人間の安全保障」をめぐる考察を続けるために福島県の方々にお会いし、話を聞きたいと思う。学生にもこの問題に関する見聞を可能な限り広げて欲しいと願っている。

かのように思う理由の大きな部分は、福島県で起きたこと、今続いていること、その中で人々が必死に考え行動していることが、震災や原発事故を乗り越え、復興に向けて動き出す人々の歴史をリアルタイムに創生してゆくからである。もちろん、福島県を訪れる観光客が増えれば、経済も潤い、復興にも拍車がかかる。経済的理由も大事ではある。しかし、一度でも福島県を訪れ、困難と向き合っている方々の話を聞けば分かる、そして聞かなければ決して分からない現実味を帯びた緊張感が、謙虚さを忘れがちな私たちに物語ってくれる事柄は大きい。この緊張感を学ぶ気力と謙虚な姿勢がある限り、私たちの社会はまだ大丈夫な気がする。

福島県はいずれ復興を遂げるだろう。しかしその道のりは長く険しい。そうした困難に向き合っている同県に関心を持ち続けることが、人間社会にとって必要なことだと思う。その持続的関心は、福島県の人々の心がそうであるように、優しく深く、そして力があって忍耐強い、野馬追武者のまなざしのようであらねばならない。

被災からの学び

―新たな地域資源―

稲葉　雅子

◉はじめに

観光は、様々な地域資源を基に組み立てられている。東日本大震災は、多数の地域資源を破壊し「観光」から遠ざけた。しかし、一方では震災の体験そのものが一つの地域資源であるとも考えられる。本稿では、津波で甚大な被害を受けた宮城県南三陸町の事例をもとに、新たな地域資源に目を向けることの必要性を提言する。なお、ここでは中小企業地域資源活用法に基づく資源だけでなく、各地域に存在するもので、その地域を特徴づけ、将来的な観光につなげられる可能性があると考えられる有形・無形・物資的・人的な広義なものを地域資源と表現した。

◉観光と地域資源

「地域資源活用」という言葉が使われるようになり、観光業界でもこの言葉が使われるようになったが、よく考えてみれば、観光は「地域資源ありき」である。どこの地域に出かけるのかは、そこにどのような地域資源があり、来訪者にどのような「楽しみ」や「癒し」を与えてくれるかによって決められるのだ。

じゃらんリサーチセンターによると（じゃらんリサーチセンター〈http://jrc.jalan.net/jrc/files/research/jalasyuku_20120730.pdf〉）、「大人や子供が楽しめるスポットが多くある」として千葉県が挙げられている。千葉県には東京ディズニーランドがあり、開園した一九八三年には約九九三万人／年が来園、二〇〇〇年には一七三〇万人／年が来園している（オリエンタルランドグループ〈http://www.olc.co.jp/tdr/guest/〉）。人の手によって造られた施設ではあるが、千葉県にとっては重要な地域資源であることには間違いない。そして、訪れる人にとっては「楽しみ」を供給してくれる資源となっているのだ。

岩手県には世界遺産として登録された「平泉」がある。世界遺産に登録されたのは二〇一一年であるが、その歴史は遠く平安時代に遡り、一一〇五年に奥州藤原氏が造営に着手したといわれている。我々は「すでに存在していた地域資源」と考えがちだが、その時代に遡れば、やはりその時代に人の手によって造られたものであるのだ。ちなみに、中尊寺そのものは八五〇年に開山したといわれており、もともと存在していた寺院を活用して地域資源を再構築したことになる（中尊寺〈http://www.chusonji.or.jp/guide/history/nenpyo.html〉）。

地域資源は、新しく造られたり、もともとあるものを造り直したりと、時代とともに形を変えてきている。人の手では造れない自然の光景や地形、動植物なども、人間の歴史の中では大きな変化はみられないにしても、地球規模で考えるならば、やはり、長い年月をかけて形を変えてきているのだ。

◉教育と地域資源

学校教育の中で、地域を学ぶ「社会科見学」「企業見学」などが行われ、小学校低学年から近隣の地域資源を授業の中で訪れる。学びの対象となる地域の資源は様々で、古代の化石であったり、農業体験であったり、その地域の偉人の話であったりするが、不思議と記憶に残っているものだ。教育旅行、修学旅行は「旅行」と名はつくものの「教育」の一環であり、「ちょっと遠出の社会科見学」である。

しかし、大人になるにつれ「旅行」「観光」は学びのためのものというよりも「楽しみ」「癒し」のためのものという役割の比重が高くなり、訪問先にも変化が表れてくる。交通機関の発達に伴い、より遠くの地域を訪問する楽しみや、海外など足を踏み入れたことのない地域を訪問することへの期待感などが訪問地を決める理由となり、地域資源を学ぶことから徐々に離れていく傾向となった。

◉学びと旅の融合

南三陸町には、海の地域資源も山の地域資源も両方あり、それらを活用して観光につなげるべく二〇〇九年に一般社団法人南三陸町観光協会が発足した。漁業や農業の体験とともに、民泊の仕組みを取り入れながら教育旅行を多く誘致し、南三陸町では、まさに地域資源で学びと旅を融合させていたのである。

二〇〇九年、自身が京都に出張した折に、旅先で講座を受講しているというシニア世代のグループに出会った。彼らは北海道から京都にやってきて一週間以上も宿泊をし、地元で開催される地域文化や伝続についての講座に参加していた。毎日二講座程度受講し、空いた時間で京都を自由に散策し講義の復習をしたりするという。海外のグルメツアーや買物ツアーに参加するシニアも多い中なぜにと理由を聞くと、若い世代の頃には勉強をする時間がとれなかった、大学には通えなかった、せっかくなので勉強のできる旅がしたい、などの答えが返ってきた。彼らが地域資源に学ぶ姿勢は、幼少の頃から脈々と続いていたのである。

当社も二〇〇九年、宮城の豊かな食材について専門家から講義を受け、同日に食材の産地訪問をするという社会科見学的日帰りツアーを企画した。「食材」という地域資源そのものを見るだけではなく、生産の過程を見る、生産者や業務に携わる人の話を直接聞く、普段は聞けない専門家からの話を聞く、食材の食べ方を教えてもらう、料理されたものを食べてみるなど、様々な「学び」を取り入れた。

その後、地域資源に学ぶ旅は様々なテーマを掲げて実施された。「蔵王のハーブ園でハーブについて学ぶ」「石巻の上下水道を学ぶ」「本州最北端の起業家マインドを学ぶ」など。南三陸町をテーマにしたものとしては「三陸の魚はなぜうまい？南三陸町の海と漁業にまなぶ旅」「南三陸の産品のネット通販事業者に学ぶ」などが挙げられる。有名な寺社仏閣やテーマパークばかりに焦点を当てず、その地域にあるものに光を当て、関わる人に話しを聞きファンづくりをする、そのようなスタンスで学びと旅の融合を試みてきた。

◉南三陸町の新たな地域資源

南三陸町は、東日本大震災により甚大な被害を受けた。神割崎、田束山などの自然景観は残ったものの、町内の広い範囲が被災した。しかし視点を変えてみると、被災体験という新たな地域資源が生まれたことになる。この地域資源は「楽しみ」や「癒し」のために使う素材ではないが、「学び」のためには有効に使えるものである。むしろ、後世に伝えていくべき地域資源であろう。それは、「震災の体験」という事実を学ぶことから、「震災からどう復興していくか」という刻々と変わる状況を学ぶこと、「今後同様の災害が発生したときに、自分たちはどうすべきなのかを考える」という参加者本人への問題提起まで、ありとあらゆることを学べる地域資源である。一個人としての被災の体験、企業や行政の立場での被災の体験や復興への道のり、地域団体や商店街などの立場での被災の体験と復興への道のり、それぞれの立場で異なるものだからこそ、あらゆる形の地域資源であると考えられる。そして、この地域資源は、全国はもとより海外の人々までが聞き学ぶべきことである。

◉目に見える新たな地域資源

震災から二カ月にも満たない二〇一一年四月二九日、南三陸町では一回目の「南三陸福興市」が開催された。「下ばかり向いてはいられない」地元商工業者が全国の支援を受けて開催した催しものであるが、地元の人々が交流し合い、他の地域の人々が支援にかけつける場となって、二〇一二年一一月の福興市で二〇回を数える。毎月最終日曜日に開催されているこの福興市は、目に見える新たな地域資源の一つである。震災を知るきっかけに訪れる人、買物で支援しようとする人、知人に会う場にしているなど様々な理由で人が集まる場となっている。震災後に生まれたものであるが、今では福興市にあわせてツアーを催行する旅行会社もあり、新たなこの地域への来訪者を生み出す地域資源となっている。

また、二〇一二年一月には、南三陸町歌津地区に「伊里前福幸商店街」（伊里前福幸商店街〈http://www.m-kankou.jp/isatomae-shoppingmall/〉）が、そして二月には「南三陸さんさん商店街」（南三陸町さんさん商店街〈http://www.sansan-minamisanriku.com/〉）が仮設の商店街としてオープン（写真1）。「伊里前福幸商店街」は観光協会を含め八店舗、「南三陸さんさん商店街」は三〇店舗が軒を連ねる。どちらも敷地が広くて回遊しやすく、駐車場も十分である。最近は、地域住民のほか、買物で支援する人はもちろん、南三陸町に視察で訪れる人や現場作業に携わる人も立ち寄る場所となっている。

町内の飲食店も多くが被災したが、仮設商店街にオープンする店舗のほか、場所や形態を変えてオープンする店舗もあり、こちらも新たな地域資源となっている。また震災前から地元の食材であるイクラなどの海産物を活用し、季節ごとに内容が変わる「南三陸キラキラ丼」で観光客を誘致していた。震災から一年たち、二〇一二年には「キラキラ丼」も復活（写真2）。来訪者の楽しみとなっている地域資源だ。

◉目に見えない地域資源

商店街や福興市は目に見える地域資源

写真1　南三陸さんさん商店街

写真2　復活した南三陸キラキラ丼

であり、訪れるだけでも「楽しい」「おいしい」体験ができる。南三陸町では、さらに一歩踏み込んだ何らかの「学び体験」ができることも重要な地域資源である。

南三陸町観光協会では、「語り部体験」として、被災状況や復興への道のりを来訪者にガイド・案内をする行程を構築した。辛く大変な震災を体験した地域住民が「語り部」として被災体験や町の状況を伝えていこうというものだ（写真3）。国内外からの来訪者が「語り部」の話を聞く姿は真剣そのものであり、話しを聞いて学んだ自分が、また他の誰かに伝えていかなくてはという思いが表情から見て取れる。「語り部の話」は目に見えない地域資源となっているのだ。

「語り部体験」に限らず、目に見えない地域資源は町中にもある。仮設の商店街を訪問し、ある店舗で買物をしたときのことだ。店主が店舗を再開するまでの経緯を話してくれた。長く続く避難生活、食べられるだけでもありがたい食事、食にかかわる仕事に携わっていた店主にとっては悲しい思いの毎日だったという。ある日隣県のパン店が支援に訪れた。配られたパンに日々支給される菓子パンとは違った温かさやおいしさを感じたという。食べ物を通して地元の皆さんに温もりやおいしさを提供できたらとあらためて決心するきっかけとなった。店主の話は、ほんの数分で聞いている者に学びと感動を与えたのである。

形として見えにくいが、「学び体験」ができることは大きな地域の資源だ。「学び体験」は「会話」によって形成される。訪れた人が誰かと

写真3　語り部の話を伺う

会話をし、その中から何らかの学びを得、さらに会話を繰り返すことが大きな学びにつながるのだ。

◉おわりに

被災の体験はそれぞれであり一様ではない。復興に向けての動きも、地域によって異なり、被災地の状況はめまぐるしく変化する。なくなった資源・復活した資源・新たにできた資源、被災地の地域資源は、復興に向けて変化し続けているのだ。「見る」「聞く」「体験する」「会話をする」その中から「学び」につながるような「訪問」を提供できるような仕組みや体制を構築していくことは、「被災」という新たな地域資源を持つこととなった東北とそこに関わる人々の大きな役割であると考える。我々は、自分の成長に結びつける場を、被災地という刻々と歴史の変化を産む地域資源のある場所にもとめ、旅を続けていくべきではないだろうか。

体験学習を通した養殖業の復興支援と島おこし

―浦戸・桂島から学ぶ―

伊勢　みゆき

◉活動体験の場、浦戸諸島桂島

宮城県の観光スポットと言えば、日本三景松島である。二〇一一年三月一一日の東日本大震災大津波で観光地松島は他地域と比べ被害が少なかったと言われている。松島湾に浮かぶ浦戸諸島が自然の防波堤となり観光地松島を救ったのである。

松島湾には約二六〇余の小さな島々のうち、有人島である四つの島（桂島、野乃島、寒風沢島、朴島）が浦戸諸島である。東日本大震災では、四島全てが壊滅的被害を被った。そして離島が抱えていた課題を浮き彫りにし、更に加速させる事になった。

私達の活動の舞台は、塩釜から市営汽船で三〇分の人口が最も多い桂島。面積〇・七六㎢、信号もない、お店が一軒だけの小さな島である。桂島には震災直前九三戸二三一人が住んでいたが、今回の津波で多くの住宅が全壊した。二四戸が集団移転などで島を離れる予定で、島に残るのは六九戸一五九人、ほとんどが高齢者と主産業である漁業関係者だ（平成二四年一〇月二六日（金）河北新報朝刊記事より抜粋）。漁業関係者の中には既に島を離れ船で通う若手漁師もいる。元々、桂島は人口の五〇%以上が六五歳以上という限界集落であったが、今回の震災により人口流出と高齢化が更に加速し、いずれ島に人がいなくなるのではないかと言う危惧が島民の間にも漂っている。

桂島では牡蠣九名、海苔一三名が主産業である養殖業に携わっている。実は三年連続でこの島は自然災害の被害に遭っている。二〇一〇年二月二七日のチリ地震の津波により牡蠣の漁場が壊滅、東日本大震災では多くの漁師の自宅が流され機械も被害を被った。そして二〇一二年は酷暑の上雨不足で牡蠣が七割死滅する深刻な事態となっている。

桂島では、牡蠣、海苔それぞれが部会を作って養殖作業を進めている。牡蠣養殖は、基本的に全工程を一人で行う手作業中心である。収穫時期の牡蠣むきの時は、パートを雇って一緒に作業するが、その外の陸・海上での作業は孤独だ。そして、前述の通り自然災害による高いリスクが伴う。そのため、牡蠣養殖に携わる漁師の高齢化が進んでおり、担い手も不足している。一方、海苔養殖は、二〇代、三〇代の後継者が数名いる。震災前は家族単位での生産作業だったが、大型機械を使う海苔の種付け作業などでは共同作業で行っていた。震災後、共同体を立ち上げ、海苔の加工場を建設し、全工程を協力しながら共同で行う体制となった。また海苔は種を冷凍保存できるため、収穫時期をコントロールでき牡蠣に比べてリスクが低い。同じ養殖業であっても生産体制が大きく異なるのが養殖の仕事である。養殖業の特長を知ることから体験学習も始まる。

◉キャリア教育×復興支援＝体験学習　私たちの思い

当団体は、キャリア教育などを通して教育支援や人材育成を行っているNPOである。主に宮城県内の小・中学校で独自のキャリア教育プログラムの実施や外部講師のコーディネート、プログラム開発を通して、子ども達が将来自立できるよう様々な「生きる力」を育む活動を展開している。キャリア教育コーディネーターとして、子ども達が「何のために学ぶのか？」「現在の学びが将来どのように役立つのか」という学習意義を見い出すこと、そのためにはホンモノに触れる機会、本気の大人と出会う機会を創出することはとても重要であると考える。

現在の「日本の子ども達が抱える課題として、学力は高いが学習意欲が低い」ことが問題視されている。学びが実社会と結びついていない。だからこそ、小・中学校の授業において学びと社会がつながっている実感が湧く教育活動が展開できれば、より多くの子ども達が学習意義を見い出せると考えている。とは言え、そのような活動を展開するには、学校と地域社会をつなぐ役割が必要である。

コーディネーターとして学校と地域社会がいかに連携して、子ども達が宮城の産業を知り、地元への誇りを感じアイデンティティの形成につなげられるか、それにはまず学校支援の充実を図るしくみづくりの重要性を感じていた。そこで私達が着目したのが第一次産業である。小学校では敷地内や学校周辺で畑や田んぼを使い農業に触れる機会も多いが、海に囲まれた日本に住み頻繁に魚介類を食す割には、漁業に縁遠い事に気づいた。漁業だけは生産者とつながらなければ体験出来ないのだ。宮城県の牡蠣生産量は広島県に次ぐ全国第二位、また海苔の名産地でもある。それにも関わらず、消費者である宮城県に生まれ育った私自身がどのようにして牡蠣や海苔ができるかを知らなかった。それなら地元の子ども達に宮城の誇りである「牡蠣」や「海苔」がどうやって生産されているか、実際に養殖をしている漁師さんから現場で教わり、生産者の思いや願いを聞く機会を創りたい。直接子ども達に養殖業の仕事を体験させたり現場を見せたりすることで、第一次産業への理解を深め養殖業に携わる方々の意欲向上につなげられないか、島の主産業である牡蠣や海苔の体験活動を通して、交流人口を増やし島の活性化につなげたいと考えた。

「子どもの頃の体験は、そのあとの人生に大きく影響する。子どもの頃の体験が豊富な人ほど、やる気ややりがいを持っている人が多い」という調査結果がある（独立行政法人国立青少年教育振興機構「子どもの体験活動の実態に関する調査研究」報告書（平成二二年一〇月一四日））。体験活動を行う事が子ども達の学びや成長に良い事が研究結果でも明らかになっている。私達が行うことは、ただ体験活動の場を創るだけでなく、キャリア教育の視点を取り入れ、より良い体験学習活動につなげられるプログラムを組み立てるかを重視した。仕事の体験はもちろん、漁師の思いを聞いたり、島を歩いて豊かな自然や人の温かさに触れ、島の魅力を感じられる機会を創れないか、そのためには何よりも漁師さんと島民の方々の協力が必要不可欠であり、関係性構築が大切であると考えた。

そこで東日本大震災六日前の三月五日、最初の自然体験in浦戸～カキの養殖を体験しよう～を開催した。今回の大震災では牡蠣、海苔の漁場だけでなく漁師の方々の住居も流出し、ますます私達が行おうとしてきた事が、教育的視点だけでなく復興ツーリズムという重要な意味を持つと感じている。

◉桂島の豊富な資源を活かした教育プログラムのブルーツーリズムのための受け入れ体制づくりに向けて

桂島の豊かな自然と資源を生かすブルーツーリズムの確立のためには、①充実した体験プログラムの開発、②現地での受け入れ体制づくり、③コーディネートがカギだと考える。

①体験プログラムの開発

体験学習と言ってもただ体験活動だけを充実させればよいというものではない。一般的な体験活動は、「楽しかった」だけで体験を終わることが多い。教育効果の高い体験学習をプログラム化していくには「体験を通して何を学ぶのか」を明確にすることが必要である。私達が大切にしているのはキャリア教育の視点を取り入れること。牡蠣がどのようにできるのか、また養殖過程を知り、漁師の思いに触れ、自分ゴトとして考える機会を創出していきたいと考えている。また、漁師さんにとっても、年中孤独な作業が多い仕事だからこそ、自分の仕事について自分の言葉で子ども達に語りかけ、子ども達から尊敬の眼差しをもらうことで自分の仕事に誇りを持ち意欲向上につなげて欲しいと願っている。さらに漁師の視点から話して頂く事で、子ども達が漁業や島の生活の実態を知り、子ども達自身が日々取り組めるアクションへつなげる機会にして欲しいと願っている。

当団体では、震災後の平成二三年度からみやぎＮＰＯ夢ファンドという助成金を受け、体験学習を通じた復興支援として体験プログラムに取り組んでいる。プログラム開発にあたっては、協力していただ

図表1　自然体験プログラム〜牡蠣の一生を学び養殖を体験しよう〜

	日にち	テーマ	内容
第1回	8月4日	カキが生まれるところを見よう	放卵・赤ちゃんガキの観察、ロープワーク体験など
第2回	9月29日	カキが育つ環境を知ろう	漁場での種ガキの観察、カキ殻につく生物の観察、松島湾の漁場周遊等
第3回	12月16日	カキを収穫し味わおう	カキの水揚げ体験、カキむき体験、カキの試食等 ※当日は波が高かったため、陸上での作業に変更。
第4回	3月23−24日	カキ漁師の思いを伝えよう	陸上での作業体験、体験活動のふりかえり、学びの発表会等 ※平成24年度は,酷暑の影響により牡蠣の大量死滅のため、収穫体験はなし。

写真1　小冊子「牡蠣」

いている牡蠣養殖業・内海信吉さんの「牡蠣がどのように出来るかを知ってほしい」という願いを組み、通年プログラムとして年四回の連続プログラムを実施している（図表1）。

また、昨年度の同助成金を活用して小学生にも分かるような教材開発も行い、小冊子「牡蠣」を作成した。作業工程の説明だけでなく、桂島で牡蠣養殖業を営む漁師の似顔絵と思いを記載している（写真1）。本冊子の活用方法は、体験学習時のテキストだけでなく、塩竈市図書館での閲覧、島を訪れた方への紹介ツールや漁師が支援者に向け牡蠣と同封する資料ともなっている。

②現地での受け入れ体制づくり

ブルーツーリズムを確立するには、何よりも現地での協力体制づくりが最重要であると考える。NPOである私達はあくまでもコーディネート団体である。体験学習の主役は子ども達であり、受け入れて下さる漁業関係者である。よりよい体験学習にするためには、現地の方々の理解と協力なくしてはできない。しかも継続的かつ効果的な体験学習にするには、漁師さんたちに仕事の価値を再認識していただくこと、体験学習が漁業の理解促進・島の活性化へつながること、お小遣い程度ではあるが収入につながることを理解していただくことが必要である。第一次産業の学びを通したつながりが、交流人口を増やし、長い目で見た復興支援となりうる可能性を伝えていきたいと考えている。

私自身、日本を、世界を旅した経験から、また行きたいと思える場所は、「また会いたい人がいるかどうかだと感じている。ただ体験させるだけでなく、桂島に住む漁師さんや島の方々と直接触れ合いお話できることが良い体験となり、心に残る思い出となり、また行ってみたい場所となり、リピーターにつながると考える。

私達が、本事業を通して、また事あるごとに島へ通うようになって島の方々と名前で呼び合える関係性が出来てきている。お互いを理解し、信頼できる関係性が構築できることは、一宮城県民として、NPOスタッフとして、人として本当に嬉しい限りである。

③コーディネート

受け入れ体制づくりや体験学習を実施するには、現地コーディネーターの存在が重要である。私達の活動を現地で支え協力して下さるのは、一般社団法人浦戸夢の愛ランド代表理事の三浦勝治さんである。三浦さんは桂島に魅せられ、震災前から島おこしを始め震災直前に移住した方だ。私達との出会いは、三浦さんが当団体企画・運営の「平成二〇年度仙台市地域づくり人材育成講座」を受講したのがきっかけである。

震災後、三浦さんは持ち前のフットワークと広いネットワークで様々な支援活動を精力的に行っている。島民と共に避難所生活を経験し現在も仮設住宅に暮らしながら、島の活性化を願い「島の人のため」になることを第一に様々な活動を展開してきた三浦さんだからこそ島民との信頼関係を築けてきた。当団体が行う体験活動の際は、現地の情報や状況を教えて下さり、その時々に応じた的確な判断と調整をして下さる心強く有り難い存在だ。体験学習時の昼食は、島のお母さん達の協力が欠かせなく、場所や協力者の調整も行って下さる。ブルーツーリズムは、海という大自然を相手に行うものである。その年の気候や天候、島の状況によって受け入れられるかどうか、コーディネーター次第とも言える。私達の共通の思いは、島の人達と一緒に島を元気にすること。島の人達、島のためになることをしていく事である。

◉何を目指すのか？私たちの思い

私達の団体は、「学校教育と社会教育の支援を通して、市民が育つ地域社会づくりに寄与すること」

を目的としたＮＰＯである。キャリア教育が必要となっている現在、地元での一次産業への理解促進、子ども達の豊かな学びの機会の創出を目指して本体験学習を行ってきている。東日本大震災を経て、実施場所である離島が抱えてきた元々の課題が顕在化し、集団移転等による島からの人口流出に拍車がかかった。

だからこそ、私たちにできる事として、できるだけ多くの子ども達を島へ連れて行き、宮城が全国に誇る牡蠣と海苔の養殖について知ってもらい、島の人との交流を通じて島の良さと実態を知ってもらいたいと考えている。そのためには、受け入れ体制を確立し、ゆくゆくは社会教育としての体験活動だけでなく、学校教育の一環として校外学習や宿泊体験学習の受け入れなど教育旅行につなげられればと願っている。通常学級だけでなく、何らかの困難を抱えた子ども達の受け入れも可能となれば、さらに交流人口が増える可能性が膨らむ。宿泊等が伴えば、島の経済発展に寄与することになる。体験学習という学びを通して、島民と子ども達、教育関係者や保護者との交流も生まれ、漁業への理解促進、島の経済効果につながり、人と人のつながりがまた島へ人を呼ぶという、人とお金の循環を創り出し、復興を加速させ島の活性化ができたらと心から願う所である。

風評災害に立ち向かおう

―インド洋津波に襲われたプーケットの経験に学ぶ―

市野澤　潤平

◉津波後プーケットにおける風評災害

二〇〇四年一二月二六日に発生したインド洋津波は、タイ南部に大きな被害をもたらした。タイ全体での犠牲者は八千名を超え、国際的に著名な観光地であるプーケット島においても、津波は無防備なビーチリゾートを直撃し、外国人観光客を含む二百人以上の尊い命を奪った。

タイにおける津波被災地は、その被害の形態において二つに分けられる。第一のタイプは、漁村や農村などの地域（村落）共同体である。津波に洗われた多くの漁村において、簡素な作りの家屋や生活の糧である船や漁具が流され、住民は仮設の被災者キャンプに避難することを余儀なくされた。ただし、その経済的な損失については、政府による補償やNPOなどによる支援が比較的順調になされたため、漁民たちの多くが、津波後も従来の居住地域にとどまることが可能となった。

対して被災地の第二のタイプである、プーケット島やピーピー島に代表される観光産業集積においては、事情が異なった。年間四〇〇万人におよぶ国際観光客が訪れるプーケットでは、死傷者発生や建物破損などの物理的打撃に加えて、観光活動の落ち込みによる長期にわたる経済的被害（とくに住人たちの収入基盤の崩壊）が深刻となった。プーケットの住人たちは被災直後から、困難のなかで瓦礫の片付けや観光インフラの復旧などを開始し、一ヵ月も経たないうちに、再び観光客を迎え入れる態勢を整えた。しかし、彼らの努力もむなしく、発災から一年以上に渡り、プーケットを訪問した国際観光客の数は激減し、その間に多くの小規模な観光事業者が倒産または撤退を余儀なくされた。また、解雇の憂き目を見た観光関連労働者も数多い。

こうした事態は、日本では「風評被害」と呼ばれ、一九九〇年代以降、注目を集めるようになった。これまで「風評被害」を語る議論の多くは、なぜ消費者が購買忌避（観光地を避ける行動も含む）をするのか、という社会心理学的な観点において、問題を設定してきた。対して筆者は、インド洋津波後のプーケットにおける観光の落ち込みを「風評災害」と定義し、ある種の「災害」とみなすことを提案した。事態を単なる購買忌避の問題にとどめず、近年の社会科学において理解される意味での「災害」、すなわち多数の要因による因果の網の目が複雑に絡み合って引き起こされる多面的で長期的な苦難の過程、として捉えるべきだという考えを、強調したかったからだ。津波は天災であるが、適切な防災・減災により、その被害は軽減可能である。同様に風評災害についても、「仕方ない」では済ませずに、防災・減災の対策を取る必要があるというのが、筆者の主張である。

◉「人災」としての風評災害

自然災害が発生し、多数の犠牲者が出た場所を、楽しみと癒しを求める観光客が敬遠するのは、ある程度は避けられない。だがしかし、津波の被害を決定づける要因として地形や避難路や防災意識などが関わってくるのと同様に、風評災害における被害の大小もまた、観光客の減少数／率のみによって決定されるのではないことに、我々は注意する必要がある。

プーケットの観光セクターには、災害の発生に伴う観光の落ち込みが、多数の人々の収入基盤を失わせ、当地での生活や仕事の継続を阻害するような、構造的な脆弱性が隠れていた。

プーケットは典型的なビーチリゾートして、国際観光市場に売り出されていた。そのイメージは、これと言った独自性のない、ステレオタイプな「南国の楽園」に過ぎなかった。結果として、津波の発生によって「南国の楽園」イメージは容易に毀損され、バリをはじめとする他のビーチリゾートによって代替されることとなった。プーケットに特別な思い入れを持つリピーターたちが、津波後の比較的早い段階からプーケット訪問を開始していた事実から、他のビーチリゾートからの質的な差別化が図れていれば、観光客の減少度合いは軽減されていたであろうことが、推測できる。

プーケットへの観光ツアーや航空券などは、日本や欧米の旅行代理店で販売される。ゆえにタイ政府観光庁やタイ国内の観光関連事業者の要望は、販売の現場には伝わりづらい。これは国際観光業が基本的に抱える脆弱性である。諸外国の旅行代理店の店頭でプーケット関連の販売が敬遠されたことが、消費者による購買忌避を結果的に加速させた。また、プーケット観光は季節性が強い——観光関連業者は、一一月から五月にかけてのハイシーズンの間に、一年の売り上げの多くを稼ぐ。津波が発生したのが一二月だったため、その年のハイシーズンが事実上消滅する形となり、ローシーズンを乗り切れずに倒産する業者が続出した。

東南アジアにおいては典型的だが、プーケットの観光セクターは一種の「二重経済」の様相を呈している。タイ国際航空や大規模なホテルチェーンなどの大企業が目立つ一方で、個人経営の零細事業者が多数存在する。風評災害では、そうした零細事業者が大きな打撃を受けやすい。また、零細事業者の少なからぬ部分は、法的なグレーゾーンで営業するインフォーマルセクターに属している。そこで働く労働者たちは、法の保護を受けていないため、津波の発生直後に、問答無用で解雇された。のみならず、大型ホテルなどにおいてさえ、不利な契約で雇用されている労働者たちがおり、やはり補償なしに解雇された。職を奪われた者の中には、ミャンマーからの不法入国者などの外国人も含まれていたが、彼らは補償を求める一切の手段を持たなかった。

二〇〇四年のインド洋津波は、「観光地」プーケットにとって、初めての大災害の経験となった。政府や自治体、業界団体などにとって、津波のような大規模な災害は想定外であり、それゆえに何らのセーフティネットも構築されていなかった。観光関連事業者が加入していた損害保険などは津波による被害を全く考慮しておらず、保険金の支払いにおいてトラブルが生じた。とくに、観光客の落ち込みによる経済的な二次被害については、損害額をどのように見積もればいいかの基準すら存在しなかった。零細事業者の中には、そもそも保険に入っていない者たちもいた。

プーケットには、日本人を含む多数の外国人が、観光事業を営み、また観光関連の仕事に従事している。そうした外国人たちは、被災後、タイ政府、出身国政府、諸外国のＮＰＯなど、外部からのすべての支援において対象外とされ、いわば見捨てられた（国際観光客をケアする上で必要なマンパワーである外国人居住者への緊急時の処遇については、タイに限らず多くの国で、十分な対策が講じられているとは言い難い）。

プーケットの観光セクターが抱え持っていたこうした脆弱性に加えて、タイ国内外で、「風評被害」を加速させるような対応が相次いだ。諸外国のマスメディアは、プーケットにやってきては、「悲惨な」事例を殊更に探し出し、繰り返し報道した。しかし、一ヵ月が過ぎ、プーケットが復興に向けて歩み始めた姿は、ほとんど報道しなかった。タイ国際航空や日本航空などの航空会社は、地元観光業界による嘆願をよそに、プーケット行きの直行便を取りやめた。筆者が確認した限りでは、日本の大手旅行代理店では、企業トップが記者会見でプーケット観光の支援を表明していたにもかかわらず、店頭からツアーのパンフレットを撤去し、来店客にプーケットという選択肢を与えなかった。インターネット上では、プーケット観光に対するネガティブな書き込みが数多くなされ、観光客のプーケット来訪を訴える現地旅行代理店のウェブサイトが激烈な非難にさらされて閉鎖に追い込まれる事件すら生じた。

プーケットの風評災害は、こうした細々とした要因が積み重なって、拡大していった。そもそも、プーケットの観光セクターが立脚する社会経済構造のなかに、風評災害への構造的な脆弱性が潜んでいた。加えて、津波来襲後に内外の関連アクターによってなされた不適切な対応が重なり合って被害を深刻化させたという意味で、プーケットが受難した風評災害は、「人災」だったと言って良い。

◉風評災害に立ち向かおう

日本における既存の「風評被害」の議論は、消費者による商品の購買忌避という、被害を生む構造の限られた一側面しか取り上げてこなかった。これは自然災害の研究に置き換えれば、例えば地震や津波の発生メカニズムのみに拘泥することに等しい。しかし、防災や減災の考え方から言えば、地震や津波によって住人にいかなる被害が、どのようにしてもたらされるのかを明らかにし、その知見を対策につなげていくことが、重要である。この災害研究では当たり前のアプローチは、風評災害については適用されずに来た。既存の災害研究や復興支援研究の枠に入らず、公共機関や民間団体による援助の対象からも外れてしまう。結果、効果的な対策も講じられない。

風評災害は、第一に売り上げの減少という形で顕在化するため、ビジネスの問題として矮小化されやすい。つまり、市場の縮小拡大や景気変動という文脈に当てはめられ、個々の事業者（や労働者）が自己責任で対処すべき問題だとされるのである。しかしながら、インド洋津波によって生活と生業の基盤を奪われた漁民たちが被災者であるのと全く同じ意味で、観光収入を失った観光セクターの人々もまた、被災者である。津波そのものは天災であり、その発生を防ぐことはできない。しかし、津波の物理的な被害については、警報システムの整備、海岸域住民における津波への理解の徹底、建造物の立地への配慮などによって、減殺することが可能である。同様に、津波来襲がもたらす観光の落ち込みに関しても、被害の拡大を防ぐための適切な対応がなされていれば、「被災者」たちの苦難は少なからず軽減できたと考えられる。

そうした観点から、本稿では、インド洋津波後のプーケットが経験した国際観光の落ち込みにおいて、いかにして「被害」が生じ拡大したのかを、概観してきた。そこで明らかになったのは、プーケットにおける風評災害は、とくにその被害の深刻化という点において、「人災」とみなせる要因が多々あったということだ。

「被災地」イメージを逆手にとった観光アピール、ボランティア活動への参加呼びかけ、災害を主題としたスタディーツアーの設計といった、ツーリズムによる被災地復興への試みは、重要である。しかし、とりわけ観光地を対象とする復興ツーリズムは、地域の観光セクターが内包する脆弱性のカバー、効果的なセーフティネットの構築、地域外も含めた関連アクターの意識改革といった施策と、有機的に連関し相乗効果を持つような形で、展開されるのが望ましい。マーケティング的な観点からの対応は、それ単独では大きな効果を生み出しづらいことは、津波後プーケットの経験が暗示している。そうした意味で、風評災害の包括的な事例研究を積み重ねていくことは、観光研究者にとっての避けて通れない責務であろう。

蛇足となるが、津波後の「観光地」プーケットの住人たちの心情について、言及しておく。彼らが口々に強調していたのは、「支援」に来るよりも、被災地ということに気兼ねせずに「遊び」に来てほしい、ということだった。「観光地」の復興に向けて最も望まれるのは、外部者がそこへ「遊び」に行くこと――狭い意味での「支援」のみが、観光地の復興に寄与するのではないのだという理解は、もっと幅広く行き渡ってほしい。

本稿の記述は、筆者が過去に執筆した複数の論文に基づいている。プーケットの風評災害についてのより詳しい報告と分析については、市野澤潤平「危険からリスクへ：インド洋津波後の観光地プーケットにおける在住日本人と風評災害」『国立民族学博物館研究報告』三四巻三号（二〇一〇年）、市野澤潤平「プーケット復興委員会の熱い夏：インド洋津波後のプーケット在住日本人の経験におけるリスクと孤独」『地域研究』一一巻二号（二〇一一年）、などを参照されたい。

みやぎ観光創造アカデミー設立構想

小野寺　初正

◉はじめに

　国では平成一八年に観光立国基本法の制定、一九年には観光庁を発足させ、観光産業の振興を重要施策と位置づけ、観光立国に向けた本格的取組を推進しています。宮城県でも、こうした動向を踏まえ観光関連産業を富県宮城の実現を担う重要な柱の一つに掲げ施策の展開を図っていました。また、平成二〇年の仙台・宮城デストネーションキャンペーンを契機に「観光による地域づくり」を目指した取組も実施しておりました。

　しかし、観光立県を県施策の重要な柱として明確に位置づけ本格的な推進を図るためには、一段と踏み込んで観光の条例化を図ることが何より重要であることが課題となっておりました。このようなことから、平成二三年三月に議員提案による「みやぎ観光創造県民条例」を制定し、県民総参加による観光振興に向けた取組みを強化しようと取り組んでおりました。そして平成二三年三・一一東日本大震災が発生し、沿岸部を中心として観光資源にも大きな被害が発生しました。震災を契機に旅行のキャンセル、自粛が相次ぎ、さらには、風評被害により観光客入込数が大幅に減少する結果となりました（図表1）。

千年に一度と言われる大震災を契機として、新たな観光施策の方向性、官民の役割分担の見直し・再構築の必要性等が迫られる事態となりました。また災害の痕跡をとどめる貴重な震災遺構が被災者の心情に配慮するあまり次々と解体撤去が決まり憂慮される事態にもなっています。こうしたことから大震災を契機とする新たな観光施策の方向性が求められています。

◉新たな観光施策の方向性

東日本大震災は、人々に甚大な犠牲と被害をもたらしましたが、同時に数多くの震災遺構、震災体験、語り部等の有形・無形の貴重な資源も残しました。こうした人的資源、そして有形の痕跡資源は歴史的災害遺産として伝承されるべきものであり、これらは未来における人類の世界的共通遺産として残し、防災や観光に生かす取組みが急務と言えます。具体的に東日本大震災の痕跡を点から線・面へと展開し回廊メモリアル施設として地域性を踏まえた整備を行う、震災体験の保存、活用、伝承への取組み、震災を踏まえた観光ボランティア、語り部等新たな視点からの観光人材の育成が必要と言えます。また東日本大震災の痕跡を防災対策の上で世界共通の研究資源として活用する為の調査・研究、教育、

図表1　観光客入れ込み数（千人）

県全体	22年	23年	増減数	前年比
合計	61,286	43,194	△18,092	70.5%

出所：宮城県観光課。

情報発信機能を有する世界的防災拠点としての整備を図り観光施設整備として取り込むことも求められます。さらに沿岸部の痕跡群一体を世界的ジオパークへと取り組むことや、(仮称)南三陸復興国立公園構想や平泉世界遺産と連携する観光商品の開発等も今後は必要と言えます。これらの各種計画と一体的に沿岸部における街づくりも人々の生活再建にとって急がれています。集団移転先等の住宅群を景観と地域性に配慮し日本文化に象徴される地域型木造住宅による住宅再建を通し世界的観光モデル住居地域としての整備を図ることも必要な施策かと思います。

◉官民の役割分担の見直し・再構築

宮城県においては、東北六県の中で観光への取組みは、デストネーションキャンペーンの開催に見るごとく、過去一回と、他県に比較し極めて消極的で、ようやく県の主導で二回目の開催にこぎ着けました。県観光の振興には、こうした官主導から、民の力、民の主体性を基に観光振興施策の展開がなされることが望まれます。今後は、行政・観光事業・関連事業者・観光団体等が相互連携の強化を図り、デストネーションの期間のみならず経年的に観光への盛り上がりを支える取組みが必要と言えます。今後の観光展開にあっては、観光団体等の枠を超え、観光振興へ住民の参加と参画そして協同への展開を促し可能とする取組み、さらには県民のおもてなし向上への産・管・学の連携による研修・教育機能拠点の整備も必要不可欠と言えます。こうしたこを可能とする為に後段でみやぎ観光創造アカデミー設立構想を提案したいと思います。

◉震災遺構の保存

大震災の災害痕跡を貴重な観光資源として保存活用を図るべく、県内被災各地の現場へ行き調査を行いました。その結果、沿岸部における大津波により被災した施設のモニュメントへの保存活用について市や町では対象施設の明確化や個所づけ検討等への取組みに温度差が見受けられ明確な方針が示されないまま瓦礫処理が進行しています。被災者への配慮から貴重な災害痕跡をとどめる遺構は解体撤去の運命となっている。これら貴重な災害遺構の現状を後世に長く伝承することが防災教育上等からも極めて重要と言えるものの、施設によっては、忌まわしい記憶をとどめると、被災住民には様々な意見があります。しかし、観光や防災行政にとって公益上必要不可欠なものと位置づけると共にその整備手法について一定の方向を示し、震災記念施設等の多様な機能を併せ持つ施設として活用策を検討し推進していく必要があります。そこで、災害痕跡について県全体を鳥瞰しその中でしっかりとした位置づけの基に、保存・整備・活用等の計画を早期に策定を図ることが急がれます。その実施主体は震災地の市町村なのか県なのか、国なのか、予算財源も含め新たな視点で役割と実施主体の明確化が必要と言えます。被災地の痕跡施設数は多岐にわたっており、その中でも優先度の高いと思われる四施設を含め面的な整備も併せ検討を行うと共に、特に津波被害が顕著な女川町では港湾地域である中心街区に痕跡が集中しており全体的な整備を図ることが望まれます。

以下、県内の被災した市や町の中で優先度の高い四施設等の調査を行いましたが、ここでは紙面の関係上二施設を取り上げます。

①気仙沼市鹿折地区内の大型貨物船（平成二三年七月九日調査）

大型貨物船は、三三〇トン、長さ約八〇メートル級もあり、巨大津波により市街地を流れまわり岸壁から約一キロメートル流され住宅地域に乗り上げている。気仙沼市では、この船を災害記念施設として保存する意向を固め、すでに船会社、保険会社と具体的な折衝を図っており、今後保存活用の可能性について二年を要し検討するとしている。

写真1　気仙沼市大型貨物船

保存すべき理由として、気仙沼湾岸一帯は大津波に襲撃された後、油の流出より炎上し海面は火の海と化した。本船もその火災跡を一部に留めている。大型船の住宅地奥への流失は、津波の威力を留めると共に住居や工場等の損害を拡大させたとの見方もあり、学術的に検証される必要性があることからも継がれ顕彰されていくべきであり、防災の使命を全うされた尊い史実を伝える施設としても保存活用すべきである。

②石巻市雄勝公民館（平成二三年五月二五日調査）

本施設は、鉄筋コンクリート構造物であるが、津波の襲撃により基礎地盤がえぐられ、建物は躯体を残し内部設備は押し流され破壊された状態となっている。躯体の屋上三階部分には、大型バスが流れ着き乗っかった状態となっている（写真2）。石巻市雄勝総合所では、同施設の保存については全く白紙の状態である。町づくりの復興組織においても、今はそこまで検討するに至っていないとの状況である。

雄勝町一帯は、一部の高台の住居、集落を残し居住地のほとんどが壊滅的な被害となっている。こうした被害の大きさ、津波の破壊力を後世に留め教訓として継承していくことが求められ、その象徴的な施設が同施設に打ち上げられた大型バスの存在である。約五〇〇メートル離れた駐車場から津波に乗り流れ着いたもので津波の高さと威力を物語っている史跡として保存活用すべきである。

◉災害遺構の保存活用の提案

災害遺構の保存活用等については、幅広く県内外にわたり視察調査を行い、その結果を平成二三年七月二九日に東日本大震災の復興に伴うメモリアル施設等の整備に関する提案書として、村井嘉浩宮城県知事へマスコミ報道機関も同席し発表を行いました。村井知事からは、貴重な提案を頂いた。「今後、実現化が図られるよう取り組んで行きたい」との返答があり翌日河北新報の朝刊に報道掲載された。

写真２　石巻市雄勝町公民館（平成23年５月25日当時）

◉震災対応における観光の役割

大震災の被害を受けながらも、県内の観光関連団体・機関・事業者は、観光にどの様な役割を果たしたのか。

○大震災以来仙台市内や内陸部の温泉地を中心に、日帰り入浴や二次避難など被災者の受入・救助機能を担う。
○復旧作業従事者の宿泊拠点となり、インフラ等の早期復旧を下支えした。
○震災からの復興をいち早く内外にアピールし、交流人口の増による経済活性化を促進するよう努めた。
○各種会議や物産展、イベント等を通じ、震災からの復興状況や安心安全など本県の現状に関する情報を発信した。

◉観光アカデミー設立構想

観光による震災復興推進のための課題として多様な課題があるものの、早期に取り組む課題としてあげられることは、観光施設の復旧、観光資源の早期再生・再構築を図ることであり（グループ補助など国・県が中心に実施）、「みやぎ観光創造県民条例」の理念を具現化し、県民一体となった運動の推進を支援するシステムの構築、情報共有と複合的・重層的な連携（産学官、民民、広域など）の強化等による「観光力」の集約・集中、おもてなしやガイド等の人材育成・組織化と、これを恒常的に行う教育・研修システム等の確立、震災を契機とした「新しい観光」等に関する学術的な調査研究機能の充実（官民をつなぐ「学」の役割強化　例：行政に対する施策提言、民間からの研究フィールド提供に基づくデータ集積・還元、人材育成）などが課題としてあげられよう。さらに、「観光による震災復興」の推進によって本県の再興を牽引するためには、官民の役割分担を明確化し、「学」と「民」の知恵と活力を結集した取組みを推進することが必要と言える。このような課題に対応する拠点機能として、「(仮称) みやぎ観光創造アカデミー」の設立構想を立ち上げ推進をすべきである。このようなことから、以下みやぎ観光創造アカデミー構想について記す。

◉(仮称) みやぎ観光創造アカデミーの概要

(一) 取り組むべき事業は、各種課題解決のためのソリューション提供である。具体的には
①観光人材の育成及び観光客のおもてなし・接遇等の向上に関する事業
②観光客の受入れ環境の整備及び地域観光資源の開発・活用に関する事業
③震災を契機とした「新しい観光」等に関する調査研究、観光行政・施策に対する提言
④観光情報の収集及び発信、その他の観光振興に関する事業等
を計画としている

(二) 設立スケジュール
平成二四年一月〜　設立準備に向けた事務的検討
平成二四年四月〜　設立の趣旨、概要等の関係機関・団体等への周知・説明
平成二四年五月〜　事務局の設立
平成二四年六月〜　設立準備会議(メンバーは一〇名程度で構成)を立ち上げ
平成二五年四月〜　アカデミー設立を図る。

(三) アカデミーの運営体制イメージ

①第一期（設立～概ね一年程度を目途とする）任意協議会組織として設立準備委員会を立ち上げ・これと並行し、大学等と連携して事務局機能を担う組織を設立する。大学講座や研究活動等と連携し「おもてなし向上セミナー」や「観光資源開発」事業等を中心に実施。また、タクシー協会と連携し人材育成（おもてなし教本の作成等）をモデル的に展開・事業実施に当たっては、県や公益社団法人宮城県観光連盟等とも連携し、助成等も活用を図る。

事務局組織の法人化も視野に入れた事業展開を目指し事務局スタッフは、県の緊急雇用基金事業による委託（公募提案型）の活用を視野に入れて検討に努め、自立化に向けた事業の啓発活動を展開する。

第一期間で運営ノウハウと実績の蓄積に努める。

②第二期（緊急雇用基金事業等からの自立的運営形態）アカデミーを設立（会員を募り、会費を徴収する）・会費収入、受託収入、受講料収入等による財務基盤を確立する（行政からの支援は最小限とする）。

こうした構想の実現は、それぞれ関係する機関が連携しその目的性が共有されることによって設立が可能となるように思われるが、設立の主体、財源等至難の課題が多いことから、その実現には極めて困難な壁を乗り越えなければならないであろう。

3

震災を記憶する

歴史遺産としての記録と記憶の保存

―「学会」からのもう一つの提言―

藤井　信行

◉はじめに

私は大学の観光関連学科で「観光歴史学」という講座を担当しています。「観光歴史学」とはまだ一般には馴染みのない科目名ですが、歴史的建造物や古代・中世の遺跡などの歴史遺産を現代の観光資源としてとらえ、歴史的遺産と観光の共存を考えるものです。本稿では、この「観光歴史学」の枠組みの中に、被災地復興のために観光が出来ることを探してみようというものです。

都市公園事業の一環として震災遺構を移設して「復興祈念公園」を建設することなどは、被災地の復興のために観光が手助けできることの一つです。ただし本稿は、そうした震災のモノを残しそれを観光資源とすることで復興の手助けをしようというのではなく、震災の記録を作り記憶を残すこと、それを将来の被災地の観光資源に育てること、そのために観光が出来ることは何かを考えてみたものです。

◉歴史遺産と観光

まずは「観光歴史学」の体系化です。「観光歴史学」には二つの目的があります。一つは、歴史遺産がもつ観光資源としての価値を高めること。具体的には、歴史遺産がもつ歴史的意義や価値を、様々な文献などをとおして明らかにしていくことです。歴史的意義や価値それ自体がりっぱな観光資源だからです。

そのとき「観光歴史学」は、史実とともに伝説や神話も利用します。例えば私たちが中世・近世の城や城址を訪ねるとき、私たちはただそこに残る建造物を見に行くのではなく、それを通してその城が象徴する歴史的出来事や人物をも観に行きます。古代の遺跡や整備された城址公園などに博物館が併設されたり、また近代の歴史的建造物の一室に展示施設などが付随しているのはそのためです。したがって、たとえ史実でなく伝説や神話であったとしても、それによって観光資源としての魅力が増大するのであれば、伝説や神話もりっぱな観光資源です。本稿はこの考え方の延長線上にあります。

次に「観光歴史学」の二つ目の目的ですが、歴史遺産を現代の観光資源としてどのように活用するか、ということです。歴史的な遺産ですからオリジナルの形がほとんど残っていないものもあるでしょう。古代の遺跡などは観光資源としてはゼロからの出発です。また近代の産業遺産や歴史的建造物などでも、そのオリジナルの形を留めているものもあれば、大きな補修・補強を必要とするものもありましょう。そうした歴史遺産を国や地方自治体が公共施設として整備・活用しているものもありますし、企業が文化活動や広報活動の一環として整備し公開しているものもあります。あるいは企業が明確に営利を目的とする一つのビジネスとして整備・活用しているものもあります。どれも観光資源化するために整備されますが、活用の仕方は多様です。

さて体系化の図表1ですが、歴史遺産から横軸に「整備」を設定しました。そして縦が「目的」です。近代建造物の場合はほぼオリジナルの形が残っているでしょうから、観光資源化するために「補強・改修」といった「整備」がなされます。あとはどのような目的を持つのか、つまり「公共目的②」か、「営利目的③」か、によって違いが出てきます。

一方、古代遺跡のように全くゼロの状態から「整備」を始める場合と、城址・城址公園のように一部オリジナルの形を残す場合と、歴史遺産の現状にも幅があります。さらに古代遺跡に限っても、発掘した状態を保存（「現状保存①」）する「整備」と出来る限り復元しオリジナルの形の再現を目指す「復元保存②」の二つの「整備」があります。また城址・城址公園の「整備」も、「現状保存①」か「復元保存②」かといった二つが考えられます。

まず①のケースについて説明します。たとえば発掘が終わり調査が完了した古代の遺跡などが、発掘後の現状のまま公園として整備される場合です。さらに全国の旧城下町で、城全体が復元されることなく堀や城壁の一部を残しつつ（あるいは天守閣などを復元し）城址公園といった形で、公共の公園施設として整備され

図表1　観光歴史学の体系化

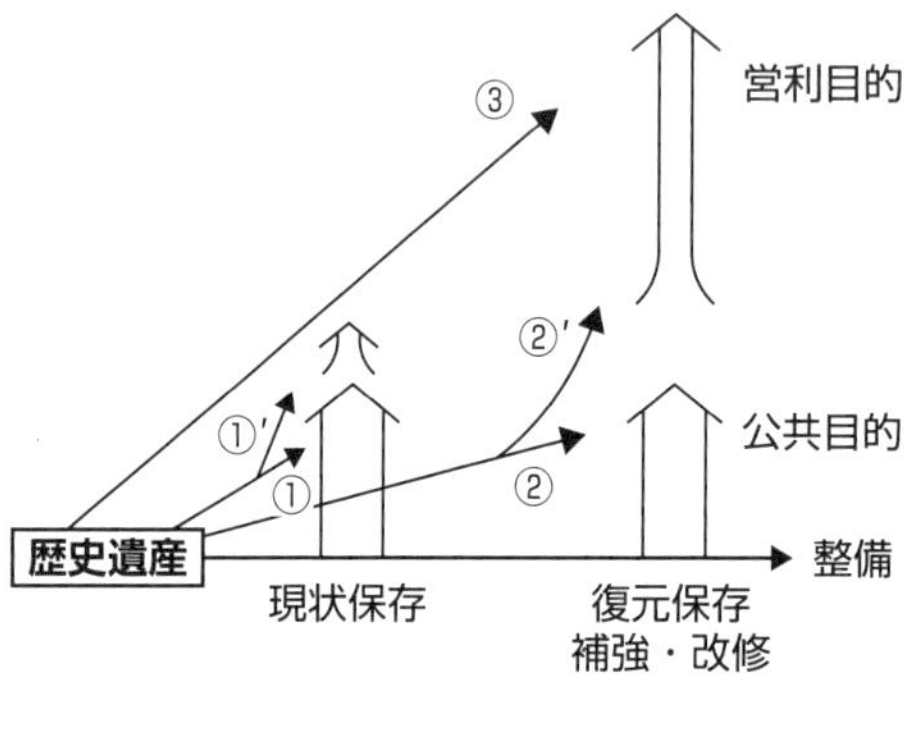

ている場合などです。郷土の歴史を残すものですから明確な教育目的をもつとともに、土地のシンボルとしての役割ももっています。教育目的であることから、必ずしも建物が完全復元される必要はありません。その代り博物館・資料館を充実させる。また厚生施設としての役割ももち、自治体の公共施設（役所・裁判所・学校・ホールなど）が建設されている。公園として整備されていることから公共施設としての価値はきわめて高いと言えるでしょう。

次に②のケースですが、まず近代の建造物の場合、建築物として価値があったり何らかのモニュメントとして重要性があるものを補強・改修し、教育目的・厚生施設などの「目的」で観光資源として「整備」したものです。なかには現役で使用中の建物もあります。営利を求めるものではないことから、ほぼ公立の施設に限られると言ってもよいでしょう。ただし、一部には企業が広報の一環として、もしくは文化事業の一つとして「整備」を行ったものもあります。そして同じく②のケースで古代遺跡と城址・城址公園の場合ですが、国や自治体が所有し、整備した遺跡公園などは、小・中学校の課外授業や高校の修学旅行など主に教育目的で利用されます。その教育的価値は公費で支えられています。

そして③のケースです。企業（企業体）がビジネスとして営利を「目的」に、近代の建造物を現代の使用基準を満たすべく補強・改修あるいは復元することによって観光資源として「整備」するものです。現代のアミューズメント施設として、過去の歴史遺産を現代のニーズに基づき再生するものです。また遺跡公園などを現代のレジャー施設として整備することも考えられます。遺跡を中心とした体験講座や体験学習、演劇や演奏会などの各種イベント、そして宿泊といった総合レジャー施設といったものです。これならば私企業に限定されず、国や地方自治体も取り組める事業ではないでしょうか。

◉記録と記憶の保存

「観光歴史学」を体系化した図表1の中で、震災遺構をどのようにとらえるかを考えてみたい。歴史的建造物や遺跡などの歴史遺産は人類共通の遺産です。ユネスコ世界遺産の考え方を借りれば、集団で保護し修復し次の世代に伝えるべきものです。この考え方に立てば、震災の遺構もまた歴史遺産として伝え残すべきものでしょう。

ただし震災遺構を残すことに関しては、一八〇度対立する意見があります。当然のことです。津波の爪痕をとどめる建物を震災の遺構として保存すべきだと考える人もいれば、その一方で震災で身内を亡くされた方々にとっては悲しみを思い出させる「負」の遺物でしかありません。さらに、震災の遺構を解体するにも残して保存するにも、ともに公金が使われます。保存の場合はさらに、これから毎年の維持管理費が必要となります。たとえば宮城県気仙沼市の津波で陸に打ち上げられた大型漁船「第一八共徳丸」は、市の担当者によれば毎年の維持管理費用は「数百万～数千万円」と見積もられ、全く予測できないのが現状だということです。こうしたお金は、もちろん地元の税金が使われます。したがって被災したモノを震災遺構として残すか？残さないか？は、まずもって各自治体の問題となります。これは、住民のコンセンサスや財源・財政といった政治の問題です。

震災遺構を移設して「復興祈念公園」を建設する（図表中の②）といったことは、観光が多少なりとも復興の手助けとして貢献できることですが、それはこうした政治の問題をクリアしてからのことです。しかし地元の博物館や文化ホールに、震災資料館や資料室といった施設を併設する（同①）ことは、観光が積極的に関われることではないでしょうか。ただし、もちろんそこに残すのはモノではなく、記録や記憶です。

その際、ユネスコ世界遺産の「世界の記憶」事業の考え方が大きな示唆を与えてくれます。この事業の基礎となっている「世界の記録・記憶遺産」とは、ユネスコが主催する三大遺産事業の一つ（他の二つは、不動産を対象とした「世界遺産」と無形文化財を対象にした「無形文化遺産」）ですが、重要な歴史的記録遺産をデジタル技術を使って保存し広く一般の利用を可能にしようというものです。

これを震災復興に適応すれば、具体的に次のようなことが考えられます。まず、それぞれの自治体が確実にその地域の記録や記憶を、その地域の震災資料館（室）に残す。もちろん地域によって残すモノに差がでるように、記録や記憶にも差が出るでしょう。それは致し方ないことです。政治の問題だから。しかし重要なことは、それぞれの自治体の記録や記憶を東北地方全域でまとめ、それを統一して文書・書籍・映像として残し、それをデジタル化することによって誰でも利用可能な共通の遺産とすることです。これは東北地方はもちろん、全国的な共通の遺産となります。公的機関が所有する文書や映像もあるでしょうし、個人が所有するモノや映像もあるでしょう。時間がかかってもよいからそうしたものを確実にまとめ積み重ね、それによって歴史遺産としての価値を高めていくことが望まれます。そのことが観光資源としての価値を高めることへとつながっていくのではないでしょうか（同①）。

◉おわりに

こうした遺産は、十年後・二十年後には立派な観光資源となります。地元の小・中学校の課外授業の場として、また郷土の歴史を残すものとして、その土地になくてはならないものとなるでしょう。そして震災の遺構を訪ねてくる人々にとっては、震災の記録や記憶を見せてくれる歴史遺産となるでしょう。ハコ物を造ってカネを動かすことが地域の振興になるからといって、被災した地域に安易に公園やモノを造ることだけが観光が出来る復興への手助けではない。こうした記録や記憶を歴史遺産として残すこと―それが観光にできるもう一つの貢献ではなかろうか。これは観光の「学会」の役割ではないでしょうか。

震災遺構などの観光資源化と新たな観光事業創造
―被災地宮城の活動事例から―

三橋　勇

◉はじめに

今回の二〇一一年三月一一日に発生した東日本大震災は、東北地方沿岸をはじめ太平洋沿岸の広範な地域に、想定外と言わしめた多大且つ経験のない異質な被害をもたらした。この教訓を忘れず後世に伝えるために、また厳しい被災環境から宮城県に元気を取り戻すためにも、観光を起因とする地域活性化への試みを紹介する。

◉震災直後における遺構の保存（防災・復興モニュメント構想）

震災直後から自転車やジープを使い、可能な限り宮城県の津波による海岸被災地の情報収集を行った。また、宮城大学看護学部教員グループのドライバーとして避難所を回りながら海岸線から安全な高台への被災者移転の動向を確認した。さらに、知人達の情報網から依頼される半島部避難所が求めている品物を、各所から調達して週二〜三回の割合で届けた。震災後の数カ月、講義にかわる日々の自主選択活動がこうした被災者サポートであった。これらの活動を通して、観光地の被災状況と震災の遺構として保存の対象となるものを把握した。調査したモニュメントとしての代表的な対象物の保護を宮城県知事に直接提案した。以下に提案書の一部を抜粋する。

提案目的

①（仮称）三陸復興国立公園の設置を推進し、復興の加速、地域活性化を促進する。

宮城県沿岸の景勝の地を復興推進の資源に位置づけ、新たに復興国立公園として今後の関連資源やメモリアル防災機能施設等の復興事業と連携させ、観光振興による交流人口の飛躍的拡大を図り地域活性化を促進する。

②復興国立公園内にメモリアルパークを整備し防災モニュメント等を設置する。

施設によっては、忌まわしい記憶をとどめる状況もあり、被災住民には様々な意見がある。しかし、公益上必要不可欠なものと位置づけその整備手法について、震災記念施設等の多様な機能を併せ持つ活用策を検討し推進すべきである。そこで、県全体の中でしっかりとした位置づけを行い現存する四施設について、早急に保存・整備・活用を図るべきである。

③（仮称）未来防災対策センターの設置を図り、津波による大災害の学術的研究等を推進し災害対応の在り方を内外に発信する。（中略）大津波に関する資料の保存や学術研究、県民の防災教育、災害専門人材の育成、派遣体制の構築等が可能となるよう（仮称）未来防災対策センターの設置を図る。

④県内の沿岸地域の港湾岸壁、護岸、防潮堤等の復旧整備にあたっては、損壊施設の一部について保

存活用を図る。県は被災を受けた各種構造物の復旧にあたり、災害痕跡の一部を防災教育、観光資源の整備の観点から保存し活用することを積極的に推進すべきである。

代表的な震災遺構を選択し、その保存と展示方法を分かり易くするために状況写真にイメージを加えイラストを作成した。例として、気仙沼市鹿折の大型貨物船（図表1）、南三陸町防災庁舎例（図表2）を挙げておく。

また、東日本大震災では、多くの方が犠牲になり、また沢山の建物などが被災した。そして、今回の災害を体験した者には津波による被害を繰り返してはならないという重い責務が課せられた。一方、災害から一年が経過し、被災した建物類はすでに瓦礫として扱われ、解体撤去されつつある。しかし、津波をはじめとする災害の脅威を後世に伝えるためには、視覚から

図表1　気仙沼市鹿折の大型貨物船（2011/7/9調査完了）

図表2　南三陸町防災庁舎（2011/6/30調査完了）

確認できる被災建物などの遺構や遺物はなくてはならないものである。各被災自治体はこれらに歴史的価値があることを認識しながらも、その保存方法に苦慮しているところである。国内ではこれまで数多くの津波災害があったが、被災遺構が保存された例は限られている。したがって保存にあたっては、今後の減災研究の視点、減災対策の継承、保存の技術や計画、維持管理の方法など多面的な検討が不可欠となってきている。このような検討課題に対し、災害を伝承するという立場から災害遺構などの保存について基本的考え方と保存方法などを検討するとともに、幅広い情報共有と連携を目指すため三・一一震災伝承研究会を発足させた（二〇一二年五月二八日）。発足後四カ月の調査からの宮城県沿岸自治体一五市町において被災建物・被災集落跡が二二件、その他（大型船、仮埋葬跡地など）二四件が提言された。

他方、震災前から宮城県内にジオパークを提唱していたグループは、震災後に調査を進め該当する自治体と話し合いをしている。また、地域において震災遺構保存を進めているNPO（団体略称、MMPC）などの中には、個々に資金調達をして整備を行っている団体もある。

◉石碑プロジェクト

宮城大学と石巻専修大学の両大学三橋ゼミナールの学生から成る「東日本大震災石碑プロジェクト委員会」は、慰霊・鎮魂、感謝、防災への人々への思いを、絆という字を上面に配して石柱に刻字、津波からの避難を後世に伝えると共に、被災地域の学童への教材などの支援を念頭にマスコミを通して全国に募金活動を行った。以下はその際の事業計画書である。

(一) 第一期事業

①事業目的及び概要

平成二三年三月一一日の東日本大震災は東北の太平洋沿岸地域に甚大な被害をもたらした。津波による死者、行方不明者は前例にない数であり、未曾有の惨劇となった。「東日本大震災石碑プロジェクト委員会」は、宮城県沿岸部の津波到達地点及び周辺に石を設置することで、以下に挙げる三つの思いを伝えようと考えている。

・東日本大震災で亡くなられた方々の鎮魂と慰霊の意を表すこと。
・津波の大きさを後世に伝え、意識の風化を防ぎ、警鐘へつなげること。
・被災地で懸命に活動してくださった方々への敬意を表すこと。

石碑は、大震災が起こった三月一一日を表す意味で、三一一カ所（宮城県沿岸全地域）に設置をする。

②設置地域及び場所

地域は宮城県の南県境の山元町から、亘理町、岩沼市、名取市、仙台市（太白区・若林区・宮城野区）、利府町、多賀城市、七ヶ浜町、塩竈市、松島町、東松島市、石巻市、女川町、南三陸町、そして北県境の気仙沼市までと広範囲にわたる。また、設置場所としては、民間・行政に許可を得た適切な場所で注意を喚起するような場所とする。

③資金調達

全国の企業、団体、個人から善意の支援として一本単位から石碑を購入していただき、購入者の希望で氏名などを刻字する。

＊「東日本大震災石碑プロジェクト委員会」では、特定の政治団体・暴力団・宗教団体からの寄付行為などはお断りをする。

④設置方法

一部の設置場所では、学生が主体となり地域の子どもたちと一緒に石碑を設置する予定である。その際に可能な場所では設置催事を実施する。また、将来を担う子どもたちと一緒に設置することで、彼らをはじめとする多くの人々が、「被害の甚大さを忘れないこと」「防災意識を向上すること」を目的としている。そして、今回の大震災を後世に語り継ぐことで意識の風化を防がなければならない。

⑤石碑について

石碑は一本五万円、企業・団体・個人に善意の支援として購入していただく。

＊出資していただいた金額の一部を、石碑設置地域の小・中学校などに教材費として、寄付をする。Web〈http://sekihiproject.tumblr.com〉、E-mail〈sekihi.project@gmail.com〉で活動を紹介。

(二) 第二期事業

不慣れなことが多く、第一期事業初期から設置個所の住所確認や所有者との連絡の難しさにただ時間を費やすばかりであった。また、公有地（国・県・市町）であっても縦割り行政のシステム上、設置の許可申請から認可までには大変な時間が必要であり（認可が下りる保証もない）、本委員会では手に負えない状況となった。さらに、諸事情から学生の力量では数量が増えた石碑の設置は不可能となり、頼みとした現地の工事業者は復興バブルから小さな工事に関わる気を全く失っていた。こんな状況下、遠方業者頼みでの石碑設置工事続行の限界は明白であった。第一期事業の企画段階で宮城県からの協働の折衝があったが、主旨や方法の違いから別に活動をしていた。宮城県土木部は、既に「東日本大震災・津波浸水深ここまで」という金属板を被災地に設置していた。今回、一部の相互妥協案成立により、宮城県土木部が石碑の設置工事を全て請負うこととなった。協働の妥協案として石碑プロジェクトの第二期事業からは、贈呈者の個人名刻字は止めて県旗・宮城県・通し番号（寄贈者の識別番号用）を刻むこととなった。第二期事業の事業計画書は、一〇月中旬に八四〇超の日本の四年制大学（キャンパス）理事長宛てに送られ一一月末を以て締め切った結果、一一基の依頼があったので中国の石碑製作業者に発注した。

(三) 第三期事業

一二月中旬に学生の自由意思で選考した二〇〇社の民間企業に、第三期事業の事業計画書を送付して協力を依頼する。一応の申し込み受付期限とする平成二五年一月一五日までの企業の反応を見て、石碑プロジェクトの今後の活動判断を決することになる。

◉震災復興のカジノ構想

仙台空港周辺住民を中心とする「名取市東部震災復興の会」は、早期に安全と地域の復興を求めて、震災復興のカジノを構想している。

(一) 復興目的型カジノ

仙台空港ターミナルにホテル・カジノ・温泉スパなどを四ブロックにして隣接させ、災害時に備えて地域住民や空港内の人々が直ちに避難できるシェルターを設置する。空港は仙台空港のイメージメークと共に大胆な改名も一案に思える。震災復興カジノは雇用や税源としてだけでなく、アジアからの国際観光客を魅了し、国際交流の社交場ともなる可能性を有する。

震災復興を目的とした「カジノと東北観光」について講義した後、学生に一〇項目の復興カジノに関するアンケートを行った(回答者総数三〇二名)(図表3)。また、事前に行ったヒアリングに比べ復興カジノへの理解と期待の度合いに変化が生じた。

(二) 災害復興カジノの規制緩和(ハリケーン・カトリーナの事例)

ミシシッピ州は、全米で三番目にカジノを合法化した州である。しかし、

図表3　復興カジノのアンケート

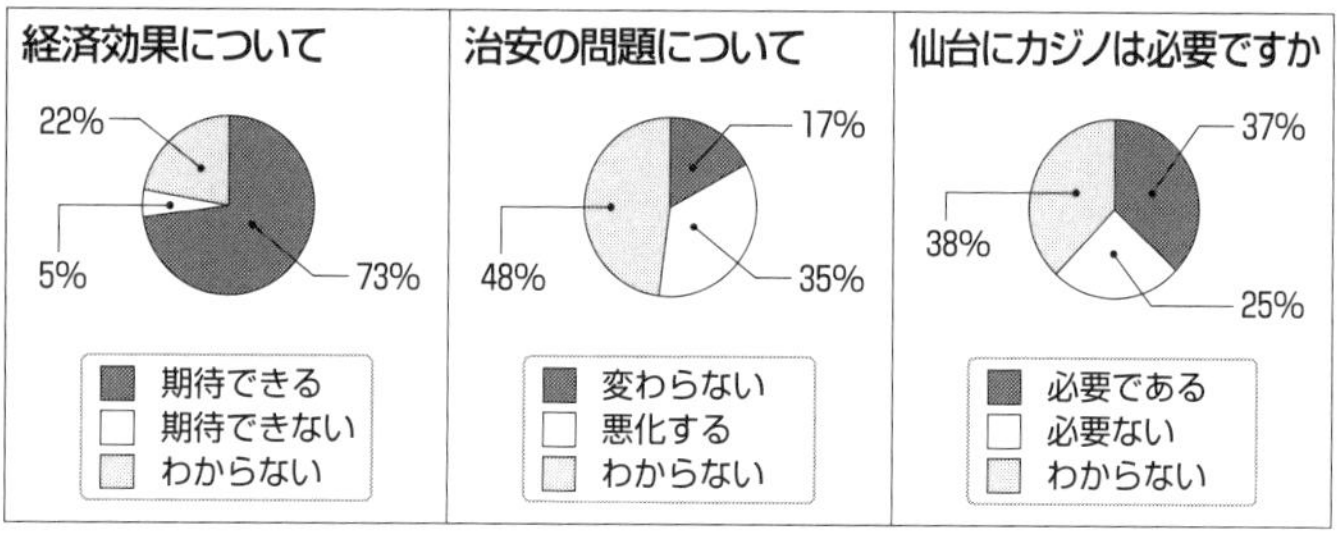

その合法化は非常に特殊なものであり、水上でのみカジノ営業を認めるという限定的なものであった。ミシシッピ州は二〇〇五年八月のハリケーン・カトリーナで最も洪水被害が大きく、復興が困難とされた河岸や海岸区域をカジノ開発可能エリアとして改めて指定。カジノ開発投資とそれを呼び水とした開発投資の誘引に成功し、民間の資本投資を中心とした災害復興が成功に至った。これはカジノを活用した地域の復旧復興の好事例として語られている。

●おわりに

被災地の住民不在で始まった震災遺構保存の試みは、活動グループも増え一年半を経過する頃から被災地の住民間でも賛否両論が交わされるようになった。三・一一震災伝承研究会からは、四六の震災遺構保存対象物が提案されている。しかし、デリケートな問題として保存の結論までには至っていないし、保存の担い手もはっきりしていない。また、石碑プロジェクトにおいては、この期に及んでも行政区分の複雑さや復興バブルでの工事人不足から方向転換を迫られることとなった。今回の不幸な出来事による地域観光事業の負からの出発は、震災（メモリアル）モニュメント・遺構・パークなどの教育観光資源という新しい宮城県の観光領域の認識が生まれた。被災地四市四町に六三基の石碑を建立、今後も増える予定であり三陸海岸の津波の歴史に関する新旧の石碑巡りも新たな旅人を創出する一策になるであろう。また、津波到達地への石碑設置や桜の木の植樹などによる圏域外旅客に対する安全留意の誘客PRの実施は、将来の宮城観光振興の一助に値する。震災復興カジノは、迷走する国会動向からカジノ合法の議員立法が遅々としているが、今後の政治情勢では大きく動く可能性も有している。今回、実証研究の如く行ってきた諸事業の成果と反省の総括をするには、もう少し時間が必要である。ともあれ、気になるのは、日々薄れつつある日本国民の震災記憶と防災意識である。

〈参考資料〉

「宮城大学三橋研究室東日本大震災調査資料」「国際観光研究所資料」「三・一一震災伝承研究会資料」

津波記念三陸国際トレイルの構築を

小林　天心

震災後の三陸海岸一帯の復興計画のなかに、環境省のイニシアティブによる「三陸復興国立公園」の構想がある。これは北の青森県八戸市から、宮城県の松島あたりまで、いくつもある国立・国定・県立公園を一体化し、グリーン復興プロジェクトとして、広域連携による新たな三陸一帯の魅力を再構築したうえで、広く内外に発信していこうという計画のようだ。二〇一三年の国立公園指定を、環境省は目指すもようである。

環境省関連のこれに関する資料を見ていると、「次の災害に備える」という動機が強く働いている。つまり震災をきちんと受け止め、地域全体で語り継ごう。そのうえで、地域の魅力を洗い出し、みがきあげ、東北独自の持続可能な観光のあり方を構築していこうという、エコツーリズムをベースとした長期計画である。

そこで本稿では、グリーン復興プロジェクトのトップに掲げられた東北海岸トレイルについて、その望ましい開発のありかたを、ハードとソフトの両面から考えてみたい。先行事例として参考にしたいのは、国内では一〇年の時間をかけてつくられた「信越トレイル」。もう一つ海外からの事例として、二五年という年月をかけてつくり続けられている「トランスカナダ・トレイル」である。

とくに焦点を当ててみたいのは「利用者からの視点」である。観光学の視点からは、このロングトレイルを一個の商品とみなすことができる。その商品が利用者から評価されるにはどうあるべきか。顧客満足という商売上の第一原則が満たされるには、どのような条件がクリアされなければならないのか。

あたり前のことなのだが、トレイルをつくるというのは目的ではない。国立公園にしても同様である。まずは自然を守り、文化をはぐくみ、地域の魅力をカタチにして独自の「観光商品」に仕立てる。次に内外からの観光客の望ましい誘致を行い、最大限の満足を提供しつつ地域経済効果の最大化をはかる。そして、経済効果をいっそう地域の魅力向上に還元してゆくという理想的な「エコツーリズム・サイクル」を成立させたい。この場合トレイルが、地域の自然、文化、暮らしや産業に接するための手段となる。そして、個々のビジターをリピーター化し、かれらの評価を周辺に発信してもらわなくてはならない。つまり、保全、活用、経済効果、というエコツーリズム・サイクルにおいて、これを望ましい形で回転させるカギは顧客満足である。この原則を外したツーリズムは絶対に成功しない。

同時に心がけておくべきは、地域の内発的な力についてである。この場合の地域は「売り手」である。売り手が自分の商品に自信をもって売れるかどうか。どんな商品も同様だが、売り手自身が半信半疑の商品では買い手を引き寄せることがむずかしい。売り手と買い手の間にある種の「感動の共有」が必要である。

こうしたことを念頭に置きながら、東北トレイルのブランディングとデザイン（構想）を検討する。

◉信越トレイルという先行事例

新潟県の南、長野県との県境にあるのが関田（せきだ）山脈である。標高一〇〇〇～一三〇〇メートルのゆるやかな山並みが続く。いちめんはブナの林などに覆われており、真冬は世界有数の豪雪地帯として知られている。この山脈の尾根を縫うように、南の斑尾山（まだらおさん）から北の天水山（あまみずやま）まで、およそ八〇キロメートルのロングトレイルが二〇〇八年に完成した。

全体は六つのセクションに分けられ、それぞれが眺望や沼沢、湿原、歴史文化、ブナ林など変化に富んだ里山歩きを楽しめるような工夫がなされている。全行程には一三の峠があり、普通の人がゆっくり歩き通すのには五日から六日を必要とする。途中にはキャンプ場や宿泊施設もあり、各々が許される時間と日程によって、部分であれ通しであれ自由に楽しめばいい。

このトレイルを管理するのは、ＮＰＯ法人信越トレイルクラブである。法人のミッションは、①生物多様性の保全、②自然・文化の学びと継承、③地域の活性化、という三点だ。一〇年をかけたトレイルの完成までに、のべ二〇〇〇人のボランティアたちが協力した。関連する一七市町村、関連団体や企業、国交省、林野庁、営林署などの協力を得た。

現在トレイルクラブが行っている事業を紹介する。①トレイルの維持管理、②交流活性化事業、③自然保護の啓発、レンジャー活動、④ルール、マナー、理念、などに関する啓発とＰＲ、⑤環境教育、⑥動植物の調査研究、⑦ガイドの育成と派遣、⑧ツアーやシンポジウム、⑨関連諸団体との連絡、協力、など。これだけのロングトレイル運営のためには、これら広範囲にわたる具体的活動が継続して行われなければならない、ということがよくわかるリストである。

ちなみにクラブが発行している公式ガイドブック（一三〇〇円）や地図（五〇〇円）は、極めてよくできている。利用者が何を必要としているかをきちんと踏まえたうえで、クラブの上記活動理念などが十分生かされた緻密な編集。四季の変化や動植物の説明もわかりやすく過不足がないうえ、デザインも秀逸である。

このトレイルには構想時からのアドバイザーとして、バックパッカーとして知られる作家の加藤則芳さんがかかわった。彼は内外のトレイルを多く歩いてきた。それら各地における理念やアイデア、彼自身の思いまでが、きちんとしたカタチになっている。重要なポイントを公式ガイドブックから引用する。

「トレイルを作っても持続的な維持管理がなされなければ、すぐに草木が繁茂して道は消滅してしまう。管理組織の充実が何より重要である」

「『地元から愛されるトレイル』にしよう。地元の小中学生に歩いてもらう体験学習、学校行事としての自然教育への活用。地域の歴史、文化、自然の素晴らしさをしっかり認識する場にする」

「ロングトレイルは山頂を目指すのではない水平思考。里山歩きが多く、文化や歴史、その地域の人々との触れ合いが成功のカギになる。その距離が長ければ長いほど、それらをより強く深く体験できる」

このような基本コンセプトのもとに、生態系の保全をベースとした「爪でひっかいたような一本のトレイル」を、機械を使わないで人間の手で作り上げた。官と民がしっかり協力した。ボランティアたちは今もトレイルの整備を続けている。これらすべてを民間のクラブが会員を募り、主導する。ガイド料も（一日一万五〇〇〇円）重要なクラブの収入源になっている。こうした民間の自律的なクラブ運営、経済原則に沿った形をつくらないと、トレイルの維持は難しいと関係者は語る。官の方は側面あるいは後方から、必要とされる支援を行う。

信越トレイルクラブとしては、こうした試みがうまく機能し始めたら、このトレイルを東の苗場、西の白馬方面へと、そのスケールを二五〇キロメートルあるいはそれ以上にひろげたい。壮大な夢はどこまで広がっていくだろうか。

◉トランスカナダ・トレイル

全長二万二五〇〇キロメートルにも達するこのトレイルは、新しい二一世紀のカナダの象徴をつくろうという、一種の国民運動にまでなってきた。カナダ統一の象徴といえばまずは一九世紀のカナダ大陸横断鉄道。次は二〇世紀のトランスカナダ・ハイウェイである。鉄道、自動車、そして今度はついに「歩く道」がカナダ一三州すべてをつなぐ。

この運動は一九九〇年に発足した。当初の完成目標年度は二〇一〇年、全長は一万八〇〇〇キロメートルだった。しかしこの運動が広がるにつれ、参加する自治体がふえ、支援組織や企業もどんどん多くなり、今やその完成目標はカナダ建国一五〇周年となる二〇一七年度に置かれている。参加自治体数は一〇〇〇を数え、総延長も二万二五〇〇キロメートルになった。

トランスカナダ・トレイル（ＴＣＴ）を支えるのはTCT Foundation（基金）である。ＴＣＴのコンセプトに共鳴した人たちは一人五〇ドルを払い込むと、名目上ＴＣＴ一メートル分のオーナーになれる。

これらサポーターの名前は、TCT沿い各地にたてられたパビリオン（あずまや）内パネルに刻み込まれるのである。支援組織や企業名も同様。こうした個人ベースのサポーターは、カナダ全人口の五％、一五〇万人を超えた。この運動の規模が大きくなるにつれ、広報活動も積極化してきた。

ＴＣＴの大部分は、既存の古道やハイキングトレイル、国公立公園内遊歩道、使われることのなくなった鉄道線路跡地、北部の準州地域では一部の河川（カヌーやカヤックでつなぐ）なども利用されている。牧場や山林など、個人所有地内も相当ある。ここを行く人は歩くか、サイクリング、乗馬、のみ、ただし冬季にはスノーモビルＯＫというのがカナダらしい例外措置である。

ＴＣＴが掲げているトレイルのビジョンは五つ。①ＴＣＴのビジョンをカナダ人が共有する、②子孫への遺産をつくる、③新しいコミュニティ・州・国をつくる、④カナダの歴史をつくる運動に参加する、⑤カナダ統一の新しいシンボルをつくる、というものである。これによるベネフィットとして挙げられているのが、①全土の環境保全、②国民の健康維持、③野外活動の場を提供する、④地域経済の活性化、⑤自然に親しみ歴史を教える、⑥家族のためのレクリエーション活動を奨励する、⑦エコツーリズムの普及促進、など。

◉津波記念三陸国際トレイルを

環境省は一九七〇年代以降、東海道、九州、中国、四国、首都圏、東北、中部北陸、近畿、北海道といった順に「長距離自然歩道」の整備を進めてきた。これらの総延長は二万六〇〇〇キロメートル、投じられた予算は二五〇億円を超えるだろう。しかしこの一連の動きをみると、「道をつくることが目的化」

していて、歩いて楽しくないとか、また歩きたい気にならない、という声をきく。つくったとたんに「無用の長物化」しているという厳しい批判もある。一番の問題点は、管理維持の一体化が出来ていないこと。責任の所在も国か、県か、自治体かがはっきりしないまま、いつの間にか忘れられた存在になっているところも少なくないようだ。

まずは、トレイルの目的を「つくる」から「利用する」にシフトしたい。つまりトレイルのビジョンを明確化し、利用者の立場に立ってデザインすることが何より重要である。それは「商品としてのトレイル」のネーミング、つまりブランドとそのコンセプトを明確にすることから始めることであろう。道ができたとしても、それを活用するためのソフトウェアがしっかりしていなくては、ハードウェアとしての道はすぐに使えなくなってしまう。いかに使うか、どう楽しむか、どこから利用者を、どうやって誘致するのか。これはマーケティングの分野である。

例えば、①大震災を記憶する、②三陸海岸一帯の自然や文化を十分に理解し楽しめるようにする、③内外に東北三陸海岸の魅力をアピールする、④とくに世界の若者にゆっくり歩いてもらう、⑤地域や各地の子供達の自然、津波体験フィールドに活用する、⑥地域の誇りとしてこの道を育てる、⑦日本観光の重要拠点にする、等々の目標が掲げられるであろう。

そして何より大切な管理維持を一体化し、責任ある運営を続けていくため、地域が主体となったNPO法人を設立し、国や自治体はこれへの支援に回る。

商品としてのブランド確立を裏付けするのは「顧客満足」である。日本を代表する、素晴らしいトレイルをつくりたい。バックパッカーの世界からの若者が喜んで集まるようなルートにしたい。訪れた人々が「ぜひまた歩きたい」というようなトレイルを目指す。ここでの学び、交流が、いつまでも残るようにしたい。キャンプ場、ローカルの宿泊施設など、変化に富んだ長期滞在が可能にしたい。しっかりしたビジターセンターやパビリオンが必要である。バイオトイレのシステムは機能させられるだろうか。いいガイドブックやホームページの必要性は言うまでもない。シーズンごとのイベントや歩く大会、マラソンもいいかもしれない。地域の諸産業、食べ物、お祭り、行事など、常に話題性を欠かさないこと。それを可能にする基金としての財源や人材の確保。それを官の側は最大限バックアップする。

肝心の名称だが、「津波記念三陸国際遊歩道」というのはどうだろう。いわば「Tsunami Memorial Trail」である。あえて津波記念と名乗ることによって、トレイルが掲げるビジョンを明確にしておきたい。「名正しかざれば言したがわず、言したがわざればすなわち事成らず」というわけである。NPO法人名はあっさり縮めて「津波記念トレイル」でいいだろう。

震災前の歴史文化を伝える文化遺産こそ復興期のツーリズムの核に

小谷　竜介

◉被災地のツーリズム

震災からの復興のプロセスにおいては、災害の記憶、発災前の記憶を残し伝えていくことが求められる。復旧期の現在、復興後の姿を明確に見通せるものではないが、我々の経験をどのように残し、後世に伝えていくのか、という課題は突きつけられている。被災地を巡るツーリズムは、被災の状況を対象に、災害を巡る記憶を伝承することにより成立するものである。すなわち、震災を後世に伝える一つの手段として理解される。

では、後世に震災の記憶を伝えるもの、すなわちツーリズムの対象になるものを考えたとき、どのようなものが震災の被災状況を示すものになるのだろうか。筆者の専門である文化財を中心とする歴史的文化的な価値を有する文化遺産においては、戦争記念物である史跡原爆ドームや、阪神淡路大震災の地震を示す天然記念物野島断層などが代表的なものとして、災害の状況を示す指定文化財として保存され、観光資源となっている。これら文化財は被災の状況を伝えるとともに、震災を考えて貰うきっかけとなる。そして、これらは震災前には別の役割、言い換えると一定の価値を有していたモノが、震災により新たな価値を有したモノになったのである。本稿では、こうした文化遺産のもつ価値という面から、復興期のツーリズムを考えてみたい。

◉東日本大震災を巡る被災文化遺産

東日本大震災についても公共建築物を中心に保存し、慰霊の地として、また震災学習の地として保存の動きがある。一方で、こうした震災遺構の保存を巡っては震災の記憶を呼び戻す、忌むものとして、撤去を求める動きもある。震災記念物は直接震災の記憶を喚起し伝承する力を持っており、その保存については将来を見据えた方策と被災地の感情との折り合いが求められるところである。

災害に関わる忌むべき記憶を積極的に残し、後世に役立てようとする動きの一方で、人はいやな記憶を忘れようとするものである。宮城県に住むものとして、振り返ると震災後の活動がどんどん薄れていることを実感する。もちろん、鮮烈な記憶も多数あるのでその中で残すべきものをどのように残していくのかが課題となる。

被災に関わる文化遺産では、先に触れた不動産の災害記念物とともに、今回の震災では多数の歴史的・文化的な価値を有する動産の文化遺産もまた被災している。動産、すなわち動かせる文化遺産は、土地に固着していないため、その場に行くというツーリズムからいうと注目されることが少ないが、こうした文化遺産もまた、震災を後世に伝える有形物であり、観光資源の価値を有するものとして捉えることができるのではないだろうか。

◉被災した文化遺産の取扱

災害に遭い壊れた文化遺産、とくに有形の文化遺産は災害前の状態に戻すことを基本とする。とくに文化財として行政により指定された指定文化財は指定された時の状態を維持することが求められており、当然のこととして災害を受ける直前の姿に戻される。東日本大震災で被災した文化財もこの考え方に基づき修理がなされている。この方針は災害の記憶を消し去るものである。では、こうして修理された文化財は災害を巡る資源とたり得ないということになるのだろうか。

本稿の主眼である復興ツーリズムの対象として活用することを考える場合、修理をせずに保存するという考え方もある。被災した文化遺産の被災した状況をそのまま保存する、それは被災により不安定な状態に置かれている文化財を、不安定な状態で保存するということである。災害の記憶を固定するという点ではこういう処置を採ることも可能である。しかしながら、一方で文化財そのものが持っていた価値をどう残すのか、という問題を背負い込むことになる。

文化遺産の中心となる文化財は文化財保護法に規定されるように、「文化財がわが国の歴史、文化等の正しい理解のため欠くことのできないものであり、かつ、将来の文化の向上発展の基礎をなすものであることを認識し、その保存が適切に行われるように、周到の注意をもつてこの法律の趣旨の徹底に努めなければならない」ものである。災害も歴史、文化等の正しい理解に必要なことがらであるが、文化財そのものが持っていた価値もまた歴史、文化等を伝えるものである。文化遺産は幅広い概念ではあるが、ここでは文化財保護法により規定される文化財、特に動産の文化財の復興後について考えてみたい。

◉新たな文化財の価値

さて、一口に動産の文化財と記しているが、ここで、文化財について簡単に紹介したい。一般に文化財という場合、国が指定した重要文化財や国宝という単語が思い浮かばれる。日本の文化財は、大きく有形文化財、無形文化財、民俗文化財、記念物に類型化され保護されている。有形文化財は歴史的・芸術的または学術的な価値を持つ形ある文化財である。無形文化財は歴史的・芸術的な価値を有する技術を対象とする文化財である。民俗文化財は、生活の変遷を示す文化財で、形あるものを対象にする有形民俗と、暮らしの在り方を示す行事等を対象とする無形民俗の両面が対象となる。記念物は土地に固着する、と表現される土地を対象とした文化財である。このように文化財は非常に多様な対象を含み込むものであり、また文化財の価値付けも、美術的な価値をもつものもあれば、学術的な価値をもつもの、生活の変遷を示すもの、というようにそれぞれの文化財により異なる側面があり、一口に文化財の保護といった場合も、それぞれの価値に基づき保護が行われている。本稿で対象とする動産の文化財といった場合は、文化財類型のうち、有形文化財のうち美術工芸品に区分されるものと、民俗文化財のうち有形民俗文化財とされるものが対象となる。これら二種の文化財は、先に触れたように保存に対する考え方、活用に対する考え方が異なる文化財でもある。すなわち、単に残せばよい、というものでもないのである。例えば、民俗文化財の場合、一点一点に価値があるというよりも、群としての価値を評価することが多い。この場合、被災した資料一点の扱いは、それ自体では修理しようが、他の資料に差し替えようが価値に変わりがないという考え方になる。もちろん、美術工芸品の場合は、一点一点に価値があるという考え方から、差し替えるという発想はない。

このような文化財の価値付けを鑑みると、文化財の価値を護りながら、一方で、震災により被災したなかで残された、という新たに付与された来歴が加わることになる。この価値をどのように考えるのか、という点が課題となる。こうした文化財の価値を巡る考え方は文化遺産を残し伝えるという点でも同様に考えることができる。

写真1　台座の臼

◉ある一つの臼から

ここに一つの割れた臼がある（写真1参照）。これは東松島市浜市地区の瓦礫の中から救い出されたモノである。この臼は当方よりお願いして地元に声を掛けて貰ったところ、消防団が瓦礫の中から探し出してくれたのである。それは、二十年に一度、宮城県の内陸部加美町宮崎地区の熊野神社の神輿が、鳴瀬川沿いに巡行する浜降り行事を行う際、熊野神社の権現、すなわち神体である獅子頭が一夜鎮座する際、台座として使われる臼だからである。

この臼は、内陸と沿岸を結びつけてきた行事を、浜側、すなわち二十年ごとにしか来ない熊野の神を祀ることを示す唯一の記録となるモノである。熊野神社の側には行事に関する記録が多々残っているが、こうして浜側に残る唯一の記録が、津波により半分に割れた状態で発見されたのである。

この二十年に一度の行事は、二〇一一年四月に挙行される予定で数年がかりの準備が進められていた。当然ながら中止されたのであるが、行事を準備する過程で作られた宮崎地区と浜市地区の関わりは、震災後から毎週のように行われた宮崎地区による支援活動を産みだした。こうした新たな関係の構築もあり、二〇一三年春には、仮設住宅を回る形で浜降り行事を実施することになっている。

被災したこの臼は、文化遺産として二十年という長いスパンの行事を伝える価値を持つとともに、浜市地区の被災を伝えるモノとなり、さらには震災で生まれた二つの地区の関わりを示すものとなったのである。この臼を通して、少なくとも江戸時代中期から数百年続く地域の歴史を継承するとともに、震災の記憶をも包摂して今後も保存されていくこととなった。

◉博物館展示の再構築へ

このように、被災した動産の文化遺産は新たな価値を持つこととなった。そして、これらの多くは博物館、美術館という場で保存され公開されることになる。博物館の展示は、博物館が収蔵品に価値を与え、ストーリーをつくり展示を構成する。被災した地域における博物館は、地域の被災した文化財も含めて展示を構成し直すことが求められる。そこでは、先に触れたように、文化財が持っていた価値に新たな価値を付与し、それに基づき、恒久的な保存がはかられる。

今後、東日本大震災を直接テーマとしたミュージアムが作られるのであろうが、既存のミュージアムにおいても展示を組み替える動きがでてこよう。そこでは、被災した文化財が二重の価値をもって展示されることとなる。すなわち、その地域の歴史文化の変遷を示す資料としての価値と、震災を直接記録する資料としての価値である。現在、こうした資料については、後者の側面が強調されるが、文化遺産として考えたときには前者と後者の関わりもまた重要であるし、関わりをつなげる必要があると思われる。この点が復興期のツーリズムとつながる。

先学が示すように、災害は社会を壊し新たな社会を作るように思われるが、必ずしもそのようなことだけではない。震災後、民俗芸能の用具流出に伴う、行事遂行の危機が伝えられたが、実際に表出した問題では、用具をどう新調するかということ以上に、震災前から課題であった後継者不足への対応の方がより深刻であることが多々あった。このように、災害は災害前の社会の問題点を浮き彫りにして、その解決のため、社会をリフレッシュする側面を有しつつも、こうした問題点を引き続き内包しながら続いていくのである。ここで求められるのは、災害前の地域社会の歴史や文化を示しながら、災害という瞬間を経てその後の展開を連続したものとして示すことである。決して被災した瞬間を切り取り、その部分のみを伝えることではない。

◉復興期の文化遺産ツーリズム

被災した記念物は、災害の瞬間を切り取り、後世に災害で起こることを示す場として、有効なツーリズムの資源となり得る。こうした場を伝えることの意味は大きい。一方で、震災前の地域社会を示す被災した動産の文化遺産は、震災前と被災、そして震災後を繋ぐモノとして、単に被災という忘れたい記憶を呼び起こすだけではなく、震災という歴史を埋め込まれたモノとして活かされていくことになる。

そして、こうした文化遺産を博物館という場で展示することにより、復興後に見えにくくなる、震災前からの歴史と文化の全体を示す復興ツーリズムの核として位置づけることができよう。

被災した瞬間を切り取り、そこを見せることにより観光客は悲惨さに目を奪われ、そこから被災の瞬間に対する対処について考えることができる。しかし、災害からの復興まで見据えた場合、災害の経験から学ぶことは、災害直後の状況よりも、その前にいかなる地域社会が構築され、課題を有しており、それが震災後にどのように対処されたのか、ということが重要であるし、今後作られる災害展示、復興展示にしても、震災前と切り離し、発災時をゼロポイントにしたものは、本質を伝えることができないように思われる。この点で、発災前の価値を伝える文化財に代表される文化遺産は、地域社会の展開を示すものとして、復興ツーリズムの重要な資源に位置づけられるべきである。

なぜ民俗行事は復活したのか

―その活用に向けて―

政岡　伸洋

◉はじめに

震災後の動きの中で注目を集めた現象の一つに、民俗行事・民俗芸能の復活があげられる。がれきの残る中、あるいはすべてが流され何もなくなった被災地で、踊りや舞、また山車が巡行する姿は、マスコミ等でもしばしば取り上げられている。

ところで、これをいかに理解すべきか。復興に向けた第一歩、強固なコミュニティの反映またはそれに対する記憶、鎮魂等、様々な仮説が提示され、場合によっては復興ツーリズム等に活用される可能性もある。一方、震災から二年しか経ってない中、これらが地域の中でいかなる意味を持って行われたのかを検討せず、イメージだけで活用された場合、被災地の中に大きな混乱をもたらす可能性もある。

そこで、本稿では宮城県本吉郡南三陸町戸倉波伝谷地区（以下「波伝谷」と記す）の春祈祷を事例として、いかなる意味を持って復活したのか、またそれを踏まえて復興ツーリズム等に活用する際の課題について、政岡伸洋・鈴木卓也・小谷竜介監修『波伝谷の民俗』（東北歴史博物館、二〇〇八年）、高倉浩樹・滝澤克彦・政岡伸洋編『東日本大震災に伴う被災した民俗文化財調査二〇一一年度報告集』（東北大学東北アジア研究センター、二〇一二年）、政岡伸洋「暮らしの文化と復興に向けての課題」（『二一世紀ひょうご』一二、二〇一二年）、小谷竜介「契約講と春祈祷―震災前の暮らしと後―」（日高真吾編『記憶をつなぐ　津波被害と文化遺産』千里文化財団、二〇一二年）等をもとに検討したい。

◉震災前の波伝谷の暮らしと春祈祷

本論に入る前に、まず震災前の波伝谷の暮らしの特徴と春祈祷について紹介したい。今回取り上げる波伝谷は、リアス式海岸で知られる三陸沿岸の南部、志津川湾南岸の戸倉半島に位置し、震災前の戸数は約八〇戸、カキ・ホヤを中心とした養殖業と農業を軸に暮らしが営まれていた。とくに、養殖業は盛んで、ウニやアワビ漁も行っていることから、漁村のように見えるが、この養殖業は一九六〇（昭和三五）年のチリ地震津波以降とされ、それ以前は養蚕業を主たる生業としていた。

さらに、近世期には製塩業およびその薪確保のために山林も利用されるなど、波伝谷の生業の特徴として、各時代のニーズに合わせ、陸上、海上を問わず、自然資源を最大限に活用し、変化の中で暮らしが営まれてきた。なお、その技術や経営方針は各家によって様々で、あたかも個人経営のように見えるなど、極めて独立性が高かった点も指摘しておきたい。

また、社会組織として契約講は注目される。その成立は一八七六（明治九）年とされ、集落の祭りや生業、村落運営に深く関わり、その代表たる講長は行政区長の任命、三役と呼ばれる副講長・会計とともに行政との折衝を行うなど、まさに波伝谷の代表ともいうべき存在であった。総会と称される集まりは、本来年三回であったが、震災前には三月第二土曜日と一〇月第四日曜日の二回となっていた。話し合いの場では、時には激しい議論がたたかわされるなど、結集というより各家の利害調整の場ともなっていた。なお、震災前にはこの契約講のほか、新しい分家や移住者による親興会、波伝谷会もあった。

本稿で注目する春祈祷は、契約講の三月の総会の翌日に行われ、春を迎えるにあたっての悪魔祓いの行事であった。若者が担当する獅子が各家を回り、獅子舞によって集落中の厄災を祓うもので、およそ全戸・全世代が関わり、異世代間の交流の機会となるなど、波伝谷の人々をつなぐ重要な行事として位置づけられていた。さらに、震災前には親興会・波伝谷会も協力するなど、まさに波伝谷を代表する行事であった。

このように、震災前の波伝谷の暮らしの特徴として、各家の独立性が顕著な生業、その家々の利害調整の場としての契約講、そしてこれらの人々をつなぐ貴重な機会として、春祈祷は存在していたのである。

◉震災後の波伝谷の動き

二〇一一（平成二三）年三月一一日の東日本大震災は、このような波伝谷の暮らしの基盤をことごとく奪い去ってしまった。高台にあった一戸（全壊）を残し全戸流出、犠牲者一六名、その後二名がなくなる。養殖関係の被害としては、カキ・ワカメ・ホタテだけで波伝谷を含む戸倉地区全体で約一一億五千万円、ホヤ等を含めるとそれ以上であった。

震災直後、近くの高台に避難していた人々も、翌日には宮城県の研修施設である海洋青年の家に集まりはじめ、この避難所では大部分が波伝谷の人であったことから、三日後には契約講長や区長が中心となって作業分担がはじまる。一週間後に役場職員が来ると、物資班や給食班などの役割がはっきりし、何事もスムーズにいったという。震災前の波伝谷の村落運営の文脈をもとに避難生活がスタートしたのである。

しかし、数週間経つと、ここが避難所の要件を充たさず、物資も来なくなるかもしれないという噂が広がりはじめる。そして、行政の指示もあって、四月四日には鳴子や登米など遠隔地への避難がはじまる。一方、波伝谷に残る人もいて、このような状況の中、契約講では四月一日に講員が集まり、共有財産であった定期預金を解約し分配して、一時休講となった。このように、波伝谷の人々はバラバラの避難生活を余儀なくされることになるのである。

五月に入ると、仮設住宅が建設され入居手続きもはじまるが、必ずしも集落単位ではなかった。とくに、お年寄りなどが別々で暮らすのは大変であり、私有地の高台でも五戸分くらいあれば仮設住宅の建設は可能という話が伝わると、波伝谷としての仮設住宅を作ろうという話が出てきた。そして、三軒から提供された土地に一八戸が建設され、八月に完成したのが、波伝谷仮設住宅である。ここは波伝谷の人だけであったこともあり、その集会所は各地に分散した人々をつなげる場所としても機能しはじめる。いったんバラバラになった波伝谷の人々を結びつける場所が誕生したのである。

このような状況の中、高台移転をどうするかも重要な関心事となるが、行政との折衝もあり、やはり契約講が中心となって進めるべきではないかという雰囲気になると、一〇月には波伝谷仮設住宅の集会所にて臨時総会が開催される。混乱はあったものの、講長・三役をはじめとする新役員が決められ、二〇一二（平成二四）年三月四日には春の総会が開催され、契約講を軸とした震災前の暮らしをモデルに、波伝谷は新たな暮らしの構築に向けて出発することになるのである。

◉暮らしの基盤の再構築と問題点

一方、生業についてはやや異なる動きを見せていく。五〜六月になると、まず残った船を使った海の調査やがれきの撤去作業が、これと並行して七月には流れ着いたメカブを利用しワカメの種を作ったり、カキの養殖再開の準備もはじめられていった。そして、がれきの撤去作業が一段落ついた二〇一二年二月から「がんばる養殖」に従事することになる。これは、二〇一一年度第三次補正予算により措置された対策で、震災で壊滅的な被害を受けた被災地域の養殖業について、共同化による生産の早期再開と経営再建の取り組みに対して支援を行う事業である（鴻巣正「地域営漁組織の育成と漁業再生の課題」『農林金融』六五―六、二〇一二年）。

そもそも、この話はすでに八月〜九月頃には話に出ていて、採用するにあたっては相当混乱し、なかなか結論は出なかった。とくに問題となったのは、集落を単位とした共同作業を前提としていた点であった。先述のように、震災前の波伝谷の養殖業は個人経営に近いもので、それが共同作業による給与制になることは、同じ養殖業といっても転職に近く、多くの人はそこに抵抗があった。それでも、これを採用したのは養殖の資材や船などが提供され、赤字も補填されるだけでなく、事業が終わる三年後には道具類を個人所有にできる点等、魅力があったからである。激甚災害の補助もあったが、立替払いで割合も低く、すぐに仕事をはじめようとすると、これを選ばざるを得なかったのである。さらに、実際に動きはじめると、各家の方法がぶつかり合うことになる。効率化をめざした共同作業化が、逆に地域をバラバラにしてしまうような結果を生み出してしまったのである。

以上のように、波伝谷の暮らしの再建過程を見ると、まず震災前の暮らしをモデルとして生活の再建を目指すのに対し、復興支援事業は外部の力でこれとは異なる方向に導くもので、そのずれによって地域の結束が乱される結果を招いているのである。

◉春祈祷の復活

このような混乱の中、春祈祷復活の話が持ち上がる。そのきっかけは、ある人が春祈祷を通して震災前の暮らしを思い出して涙を流したという話が伝わり、若者たちの間で今の波伝谷の人々を結びつけるのは春祈祷しかない、もう一度やろうという話になったことが大きい。

震災当時、獅子頭は波伝谷の鎮守である戸倉神社本殿に安置されていたため無事だったが、獅子の幕や太鼓、笛、参加者の衣装などすべてが津波に流され、これらをどうするかが大きな課題となった。若者たちの間では、外から支援を募るより、波伝谷の結束を図るため、みんなでお金を出し合って復活しようということになり、二〇一二年一月には決起集会も開かれた。

一方、このような若者たちの動きを知った契約講の講長をはじめとする三役は、すべてを流された中での費用負担は厳しく、やはり支援は必要だと考え、若者たちとは別に動き出す。両者の考えの違いもあって、時には混乱することもあったが、最終的にはすべての道具がそろい、本来より一カ月遅れの二

○一二年四月一五日の戸倉神社の春祭りの日に行われることになったのである。

当日は、波伝谷仮設住宅の集会所に集合し、そこから戸倉神社に向かい参拝、集落東側の境に移り、神事と獅子舞を舞う。そこから波伝谷の人も住んでいる津の宮仮設住宅、津の宮に移った戸倉漁協の事務所を経て、震災後共同避難生活を送った海洋青年の家、そのグランドにある仮設住宅、ボランティアが多く手伝う小山漁業部を経て、波伝谷仮設住宅で昼食、その後、魔王神社、水戸辺の仮設住宅、戸倉中学校仮設住宅を経て、集落西側の境で舞った後、波伝谷漁港で榊を海に流し、最後に戸倉神社に戻ってきて参拝後解散となった。

各仮設住宅では、神事と獅子舞が奉納され料理も振る舞われ、とくに波伝谷仮設住宅では女性たちが食事の準備をしており、彼女たちも含め波伝谷の人が多く集まり和やかな雰囲気の中で楽しそうに笑顔で歓談する姿は、震災前に戻ったかのようで、とても印象的であった。舞う場所は仮設住宅等になってしまったが、ともすれば離ればなれになりそうになる波伝谷の人々をつなぐ貴重な機会として春祈祷は復活したのである。

◉おわりに

以上、波伝谷における春祈祷の復活とその背景についてみてきたのであるが、震災後の混乱の中、ともすればバラバラになってしまいそうになる波伝谷の人々を結びつける機会として、震災前からそういった要素を持っていた春祈祷が活用されたと理解できる。まさに、被災地の現状を反映させた行事であったのである。

この点からすれば、復興ツーリズムの場で活用される可能性もある。しかし、復興支援事業等で混乱し内部の結束を求めて復活した点を考えると、外部からのまなざしに強く影響される可能性の高いこれらへの活用については少し慎重になるべきであり、もう一段階、意味の転換が必要になってくるであろう。

では、これら復活したすべての民俗行事・民俗芸能を復興ツーリズム等で活用することは難しいのか。実は、そうとも言い切れない。最初から被災地の観光振興を目的とした東北六魂祭はともかく、中には外に向けて情報発信しようという行事等もある。つまり、外からのイメージだけでなく、被災地におけるこれらの意味を十分に押さえたうえで判断すべきだといえる。また、高台移転の話もそうだが、被災地の状況は現在も動きつつある。途中の段階のものを変に残すと、逆に地元の負担も大きくなる可能性もある。

いずれにしても、被災地における民俗行事・民俗芸能の復興ツーリズムへの活用については、外からのイメージだけではなく、そこに暮らす人々の文脈を十分把握する必要がある。これは、被災地のみならず、民俗の観光への活用に共通する問題でもあるのである。

4

地域復興のツーリズム

東日本大震災後の被災地の観光の萌芽

―動き出した被災地の現状―

矢野　英昭

◉はじめに

予測されていた三陸沖を発生源とする地震が巨大津波を伴いついに発生した。道路や橋梁の破壊は交通を遮断した。特に三陸の複雑な地形の地域は孤立した。ライフラインの遮断により人々は暗闇の中で震える生活を余儀なくされた。安否消息のため人々が電話に殺到し回線が破綻した。通信手段の中で唯一公衆電話は比較的接続しやすかったため多くの人々が公衆電話に並んだ。

巨大津波によって東北地方のエネルギー源の仙台港の石油精製工場が炎上し隣接のガス製造工場も破壊された。さらに福島第一原子力発電所が破壊され、放射性物質が大気へ拡散し周辺地域に汚染が拡大し、いまだその収束は見えない。原子力事故のコンセンサスが得られぬままほとんどの原子力発電所の操業が停止され、今後のエネルギー供給の逼迫が懸念される。

例年よりも寒さが続き、暖房需要や軌道系交通網の遮断による車輛系燃料の需要が増大した。そのため被災地での燃料供給が不足し救援活動や物資搬送に影響した。救援隊は燃料を携えて現地に向かわざるを得なかった。また犠牲者を荼毘に付す燃料が枯渇し、暫定措置として土葬にせざるを得なかった地域もあった。

◉東日本大震災後の観光の現状

歴史的観光資源の多くが破壊され文化的価値を損ねた。完全に破壊されたものを修復することは複製となり、価値が低下する。風光明媚な景色は失われ、復旧すれば人為的痕跡を残してしまう。長年伝承された無形文化財は設備や演技者の離散により伝承困難になる。観光資源の崩壊は本物の価値や資産の損失となり今後の回復が観光地の課題である。観光資源の復旧には多くの時間と費用と関係者の努力が必要となる。観光資源により生計を立ててきた人々は今後の方針を速やかに立て行動しなければならない。今回の震災と原子力発電所事故が観光に及ぼす影響は大きく、とりわけ福島県内では直接被害はもとより、間接的風評被害をいかに克服するかが今後の課題である。現状の正確な情報を発信するとともに今まで以上の観光PRと、おもてなし等の心遣いをしなければ観光の復興は望めない。目に見えぬ放射能汚染の対応や風評克服は並大抵のことではなくマイナスイメージからの復興は厳しい。先人達が長年かけ築きあげた観光資源の一瞬の喪失は前途多難である。

◉被災地の復旧と支援

(一) 被災地の悩み

内陸部の地盤被害地では家屋や宅地のみならず地盤一帯が変動した。巨大津波に襲われた沿岸部は一瞬にして家屋が流され、水が引いた後には瓦礫が散乱しヘドロが堆積した。自衛隊や消防団や地元建設業者が瓦礫を撤去し、道を切り拓く啓開作業により救援の第一歩が始まった。

被災地の散乱した状態を整理するところから復旧作業が進められ大量の瓦礫処分が問題となった。新たに焼却施設を設け焼却を開始した。しかしその施設だけで処分が追いつかず瓦礫の山は増加し、夏にはハエや悪臭やガスが発生し炎上するようになった。そのため被災地以外の他の自治体に瓦礫処分の応援を求めた。ところが原子力発電所の放射性物質が広範囲に飛散し各々の瓦礫の基準値が高いため他の自治体から受入れを拒否された。そのため基準値以下の瓦礫の分別作業が必要となった。当初は被災地への全面的協力が得られたものの、瓦礫処理問題が生じた頃から自治体間に感情的な確執や反発が生じている。被災地の瓦礫処理の遅延は復旧の足かせとなる。

(二) 瓦礫の再利用と再資源化

膨大な瓦礫を焼却処分だけではなく資源としても活用されている。自治体によっては瓦礫を集積する際に焼却とリサイクルに分別し活用可能な瓦礫を再資源化し、復旧作業に再使用し始めている。コンクリートや鉄屑類を再生し、建設資材として使用されている。コンクリートや石材類は一般に再生骨材として建築や土木の基礎材に利用されてきた。しかし津波によって発生した瓦礫は海水や汚泥が付着し、乾燥後も海水の塩分が残留している。基礎材として埋設するなら問題はないが、コンクリート骨材として利用するには除塩が必要となる。また瓦礫には大量の木材類が混入しており盛土等に利用する際に腐食し、土中の空隙を発生させることが懸念される。沿岸部の地盤沈下地帯の嵩上げや堤防の復旧への盛土材の需要が高まり、早期対応策が求められる。現状の問題を解決しながら被災地の復旧が徐々に始まっているが、解決速度や抱える問題は各自治体で異なっている。復旧は被災地だけではなし得ず、他の自治体や企業・研究機関・ボランティア・ＮＰＯ等の様々な支援と協力が必要である。

◉観光の発露

被災直後は津波による塩分で雑草も生えなかったが、一年を経過した頃に雑草が生い茂り空地を覆うようになった。このような無の状態となった土地に雑草のごとく生命力のある芽吹きが望まれる。生き残った人々は時の経過と共に自分達が生まれ育った土地を今後どのようにすべきかを模索し始めている。新たなまちづくりに防災計画を取り入れ、行政は研究機関・ＮＰＯ・企業等の協力を得ながら安全な新たなまちを描き始めている。

被災地には救援やその後の支援に多くの人々が訪れ、地域のために働き慰めや励ましの声を被災した人々に掛けている。当初はその声を聞く余裕すら無かった被災者も時間の経過とともにその声が次第に聞き取れるようになっている。今回の震災では当初から「絆」ということが取り上げられ、人と人との心の触れ合いに着目されてきた。各々の被災地で多くのボランティアによる支援が行われ、現在も継続している。行政や社会福祉協議会が中心となりボランティアセンターが被災地に設けられボランティアの受入れが行われている。直接現地に赴けない人々も義援金や支援の資金提供に協力し、あるいは被災地の産物を購入し協賛金を支払う等の間接的な支援活動に協力している。そのことを被災者が認識し感謝の心を抱き、どん底の状態に小さな喜びや感動を得て何も無い被災地の様々な場面で心と心の触れ合いが生まれている。

　支援する人々と被災者との心の触れ合いと感謝の気持ちが何も無い土地で交歓し様々な物や雰囲気が産み出され、明日に向けた復旧作業が継続されている。被災直後に観光という概念は乏しい。被災者は日々の暮らしを考えるだけで精一杯で届けられた救援物資や差し延べられる支援の中で生活することに懸命であった。被災地域のお互いの共助や外部からの支援はやがて多様な交流へと進展した。被災地の窮状を少しでも改善しようと外部から支援や慰問による励ましは被災者にとっての安らぎと感動を生む。

写真1　被災地の交流と賑わい

また一方でボランティアは復旧し改善されていく被災地の姿とそこで懸命に生きる被災者の姿に感動する。支援に訪れた誰もが被災地から勇気と感動をもらったと言う。励ましに来たつもりが、自らが励まされたと言う。この被災者と支援者との心の触れ合いと感動により「絆」が生まれる。いずれの者にとっても被災地の非日常の中の心の接触や体験から精神的な価値を見出していると思われる。

　被災地の人々との交流の慌ただしさ中から、やがて賑わいとかすかな微笑みが生まれる。遠路はるばる駆けつけ継続的に支援し励まし続ける人々に被災者の感謝の心が交わり、思いやりと絆が生まれる。持続される支援や慰問の交流の中で賑わいは次第に大きくなり被災地の活気が蘇ってくる（写真1：南三陸町災害ボランティアセンターHP、お知らせ二〇一一・

五・七)。外部からやって来る人々と、復興をめざした懸命な生活の被災者との交流と賑わいこそが観光の要素となる観光の発露であると思われる(矢野英昭・三橋勇:東日本大震災に見る観光の発露、総合観光研究第一〇号一一六頁、二〇一一年一一月)。

◉おわりに

津波被災地域で被災者は仮設住宅等で日々の生活を営み復旧への希望を模索しはじめている。復興計画を立て高台への集団移転や新しいまちづくりに希望を託す一方で、二重ローンや生活再建への具体的生活設計が立たないままに時間が経過しているのも現実である。特にリアス式地形の平地の少ない三陸沿岸では限られた高台への全戸の集団移転は難航しており、さらに埋蔵文化財が宅地造成工事の妨げとなっている。

沿岸被災地域では週末になると多くのボランティアが訪れ粉塵の舞う中で瓦礫の撤去や泥上げ作業の支援活動を展開し町の整理が進んでいる。しかし一方でボランティ

図表1　宮城県内のボランティア数の推移

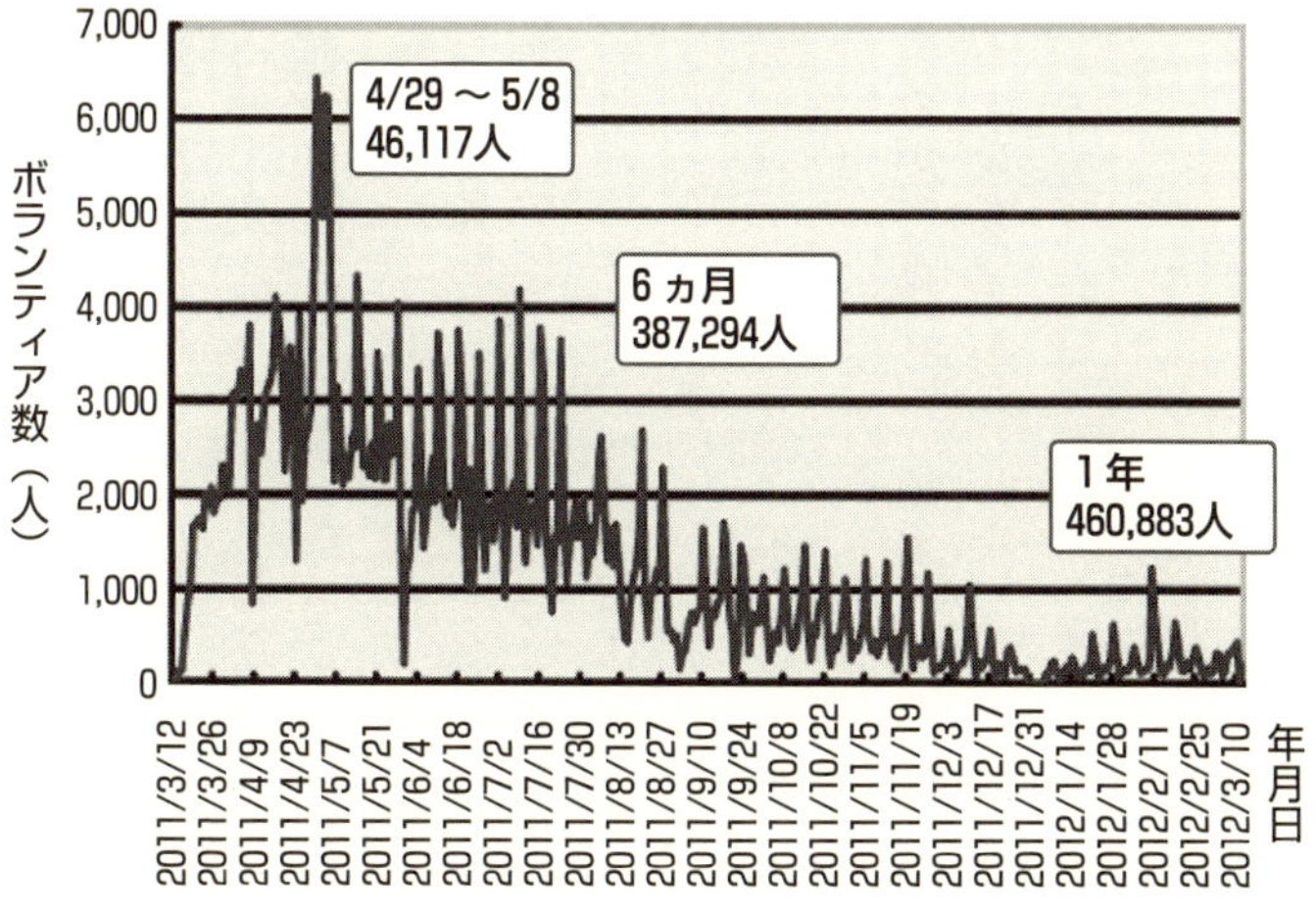

アの数が時間の経過と共に減少しつつある（図表1：宮城県災害・被災地社協等復興支援ボランティアセンター、東日本大震災宮城県内のボランティア活動数を用いて矢野が編集、二〇一一・三・一一～二〇一二・三・一〇）。被災地では継続的な支援が求められ、復興はむしろこれからの先の長い取組みとなる。

内陸部の被害の少なかった都心部では復旧が進み、公共施設の使用が可能となり、各種催事や市民の文化活動が再開されている。昨年は自粛されていた催事や祭りも苦しく辛い出来事を払拭するかのように再開されている。鎮魂の祈りや復興への希望が託され、一日も早い日常を取り戻すことを人々は願っている。震災の記憶は語り継がれるが、時の流れと共にいつの日にか忘れられていく。その辛い記憶を何らかの形で残すことが、多くの犠牲者への鎮魂と未来への警鐘となるのではなかろうか。古くから三陸の沿岸部には津波が押し寄せ多くの辛い記憶が石碑や地名の形で印されてきた。「災害は忘れた頃にやってくる。」被災直後はいつの時代にもその惨事を伝え永遠に語り継ごうとしてきた。しかしその印はいつの日か風化し、時の流れに忘れられた。千年前の震災の記憶が史書にかすかに読み取れ、そして遺跡の発掘でその痕跡が確認されている。

今回の辛い大惨事を少しでも風化しにくくするために様々な方策が議論され取り組まれつつある。そしていつの日かそれらのメモリアルが被災地の観光資源のひとつになり得るかもしれない。被災地の日常を取り戻し賑わいが戻る頃、その賑わいこそが観光の兆しであり、そこに残された辛い震災の記憶とメモリアルが観光の資源になり得る貴重な観光の萌芽なのである。

大震災と地域と観光の力
―地域とともに歩むホテルをめざして―

阿部　憲子

◉はじめに

南三陸町は、平成二三年三月一一日に発生した東日本大震災による巨大津波により、尊い人命、家屋、商店、工場をはじめ、貴重な財産を失うなど壊滅的な被害を受けました。そして、地域のコミュニティも大きく損なわれました。

現在、震災前以上の町をつくりあげようと皆で復旧、復興に取り組んでおりますが、元気で魅力的な町をつくるためには、今こそ観光の力が必要と考えます。そのために私どもは、全社員一丸となって地域とともに歩んでまいります。

◉大震災前の南三陸町における観光の取り組み

南三陸町は、平成一七年一〇月の合併（旧志津川町と旧歌津町）により誕生しました。宮城県の北東

写真１　市街地からホテル観洋を望む

部に位置し、東は太平洋、三方は山々に囲まれ、海山が一体となった自然に恵まれた水産と観光の町です。

少子高齢化や人口減少が進むなか、町では観光振興に活路を見いだし、基幹産業の水産業をはじめ、他の分野との連携による施策を積極的に行ってきました。具体的には、平成二〇年に、地元の方がふるさとを知り、語り伝えることの大切さを学ぶ場として「ふるさと観光講座」を五〇数回開催し、多くの方が受講しました。また、「エコツアーマスター養成講座」を開催するなど受入体制の整備につとめるとともに、海、山などの体験型の学習メニューや教育旅行の受け入れなど観光交流事業を実施し、大きな成果をあげることができました。

この動きに呼応して、私どもホテルがアイディアを提供し町の飲食店の皆様に呼びかけ、一緒になって南三陸町らしい共通のメニューをつくりあげました。これが「南三陸キラキラ丼」です。春は「春つげ丼」、夏は「うに丼」、秋は「秋旨丼」、冬には「いくら丼」と季節毎にとれたての旬の味をそれぞれが工夫を凝らし提供してきました。現在も好評で、これを目当てに町を訪れる方がたくさんおられます。

こうした取り組みを進めるなかで、「この町に人が来てくださることの意味」を町全体で理解し、共有することができるようになったのです。

平成二〇年一〇〜一二月に行われた「仙台・宮城デスティネーションキャンペーン」では、地域ぐるみでの取り組みが県の産業の発展と地域経済の活性化に大きく貢献したとして、「富県宮城グランプリ」を受賞いたしました。このことは、私たちにとって大きな自信となりました。

そして、この勢いを加速させようと平成二一年六月に観光協会を「一般社団法人　南三陸町観光協会」とし、県内では初めてとなる第三種旅行業の登録を行って旅行商品の企画や販売を行うための体制が整いました。

こうした町をあげての取り組みにより、平成二二年の南三陸町の観光客入込数は、海、山などの自然を楽しんだり、新鮮な魚介類を求めて食事や買い物などで来られる方を中心に一〇八万人を数えました。このうち宿泊客数は二四万人で、三〇軒程の民宿と

写真2　震災前の南三陸町（おさかな通り）

私どものホテルにお泊まりいただいております。
このようにここ数年は町全体で取り組んできたことが目に見える形で成果となって現れ、確かな手応えを感じるようになりました。

◉大震災直後の混乱のなかで

平成二三年三月一一日（金）午後二時四六分。三陸沖を震源とするマグニチュード九・〇、最大震度七の巨大地震が発生しました。

東北の太平洋沿岸は、その後襲来した巨大津波により甚大な被害を受けました。南三陸町には波高一六ｍの津波が黄色い煙をあげながら押し寄せ、全てのものを破壊し八五七人の尊い町民の命を奪いました。世帯数の七割にあたる三五〇〇戸、公共施設、漁船や商店、工場などのほとんどが流され、また、漁港や道路、鉄道のインフラも大きな被害を受けました。そして、町民の多くが家族や家、仕事を失うことになってしまったのです。また、市街地では一メートルの地盤沈下によって度々海水が浸入し、危険にさらされています。

その時、私は町を一望することができる高台にある私どものホテルにおりました。館内のお客さまを誘導している最中に窓越しに志津川湾を見ると、津波が引いていく際には遠くにある島まで海底がすっかり見え、想像を絶する事態が起きていることを目の当たりにして、恐怖で足がすくみ声も出ませんでした。

地上階が五階の私どものホテルは二階まで浸水しましたが、硬い岩盤の上に建っていたことから、建物、設備関係はなんとか持ちこたえることができました。

宿泊業ですので客室、寝具、数日分の食材などがあり、こうした時こそ何とかしなければならないと考えましたが、電気も水道も断絶状態でしたので、多くの方を受け入れてもお世話することができないのではないかと思いましたが、誰もが想像も経験もしたことのないような現実が少しずつ分かるようになるにつれ、ホテルを地域のために使っていただくことを決意したのです。

そこで、まず当日は宿泊客の方をはじめ地元の方三五〇人を受け入れ、災害ボランティアの活動拠点、支援物資の供給基地として、また、災害復旧関係者の宿泊拠点としてお使いいただくことになりました。

さらに、「被災者の皆さんが避難所から仮設住宅に移る時には、町外へ転出する方が増えるのではないか。このままでは人口流出が進み、ふるさとが消えてしまう」との思いから、五月から八月までの四カ月間にわたって町民六〇〇人の方の二次避難所としてご利用いただきました。そこで、飲み水、洗濯、トイレ、お風呂など生活の基本となる水の確保に奔走しました。困難を強いられましたが諦めずに取り組みました。その度に町民の方々から「ありがとう」と声をかけていただき、また、町外の多くの企業、団体、個人の方からの支えもあり、私も頑張らなければならないと思ったのです。

六月中旬からは、大学生ボランティアの方々の協力により、子供たちの学業を支援するためにホテル内の一室を開放して「てらこや」を、また「そろばん塾」も開きました。震災後の混乱した生活のなかで、恐怖や不安を感じたまま限られたスペースで暮らしている子供たちの学習環境がなかなか整わないことから、勉強の場を作ってあげたいと考えたからです。

最初は部屋を訪れる子供は数名でしたが、徐々に増えてピーク時には一〇〇人を超えました。今年の春、「てらこや」で学んだ受験生から「お陰様で志望校に合格することができました。ありがとうございました。」と報告を受けた時には、本当に嬉しく涙が溢れました。

また、仮設住宅に移った高齢者の方の引きこもりや孤独死を何とか防ぎたいと考え、私どものバスを使って住宅同士をつなぎ、互いに往き来できるようにした「観洋ぐるりんバス」を、そして、大震災に対する記憶を風化させないよう、ご予約いただいたお客さまに被災地の現状をつぶさに見て、感じていただきたいとの思いから、社員が案内役となった「震災を風化させないための語り部バス」をそれぞれ運行しています。

そして、津波で多くの施設を失い、大人も子供も集まることができる場所がない状態でしたので、組織や団体、ボランティアスタッフの協力をいただきながら、気軽に立ち寄り、交流を深め、情報交換ができる場所として、ホテル内にコミュニティスペース「シーサイド・センター」を設けました。ここでは、午前一一時から午後一〇時までネットカフェや英会話教室、パソコン教室が開かれ、多くの方にご利用いただきました。

◉地域とともに歩むホテルをめざして

あの忌わしい東日本大震災から二年の月日が流れました。現在、全町民が復旧、復興に向け、震災前以上の町をつくりあげようと頑張っています。

地元商店街の方々は、震災後一カ月で「福興市」をスタートさせました。平成二三年一二月には「伊里前商店街」、平成二四年二月には「さんさん商店街」の仮設商店街をオープンさせ、今も賑わいをみせています。

復興グッズの製作を通じたものづくり事業、さらには官民一体となって取り組んでいる「学びの旅」には、大学や企業などから視察、研修の引き合いがあり、これまで三四〇団体、一万六〇〇〇人の方が

写真３　社員が案内役の語り部バス風景

町を訪れており、大震災前に研修を積んだ「語り部」の皆さんがご自身の震災体験をもとに震災を風化させてはならないという、強い思いを抱きながら案内を続けています（写真３）。

今後は、より多くの方が自立した経済活動ができる環境を早急につくりあげることが必要です。南三陸町にとって観光は水産と並ぶ町の基幹産業であり、交流人口の拡大を図るために、今こそその特性ともいうべき地域の多くの産業とつながりを持つ総合産業であることや、経済波及効果が高いこと、即効性があることなどを活かし、積極的に取り組むことが大切です。

そのために、私どもは、観光において重要な役割を担う宿泊業という立場で、〝観光は地域があってこそ成り立つ〟との考え方のもと、地域の方々とともにこれからも歩んでまいりたいと考えております。

震災後の岩手・三陸観光の新たな方向性

宮井　久男

◉震災後の岩手観光の動向

（一）観光施設、宿泊施設等の主な被災状況

震災によって、岩手県沿岸の観光施設、宿泊施設等は甚大な被害を被った。福島第一原発事故の風評被害も加わり、震災直後の一カ月間で、二四万人の宿泊予約がキャンセルされた。主な地域の被災状況は、以下の通りである。

①宮古市（浄土ヶ浜、田老）

宮古市の観光の中心である浄土ヶ浜は、二〇一〇年に立て替えたばかりのレストハウスが被害に遭い、さわやかトイレや売店等の建物も被害を受けた。奥浄土ヶ浜への海岸沿いの歩道はえぐられ、沈下した個所もある。浄土ヶ浜の特徴である浜の石も津波で流された。環境省のビジターハウスも被害を受け、エレベーターが使えない状態になった。また、田老地区は、漁港も含めて観光施設は一〇〇%

壊滅した。

②田野畑村（北山崎）

海岸近くに重要な宿泊拠点、第三セクターのホテル「羅賀荘」が被害に遭い、貴重な番屋群は流されてしまった。人気の出てきたサッパ船も被害にあった。

③陸前高田市（高田松原）

陸前高田市の景勝地高田松原は、一〇万本近くあった松が津波に流され、一本の松を残して無惨な姿となった。海浜植生は多くが影響を受け、海岸地形も変化してしまった。

（二）平泉の世界遺産登録と岩手県内観光の二極化現象

東日本大震災後に平泉町の観光客は激減し、二〇一一年四月は前年比八五％減の七八〇〇人、五月は同七五％減の九万八〇〇〇人だった。五月の大型連休中の観光客数は、前年比八五％減の約五万人であった。その後、六月二六日に世界遺産登録が認められて回復基調に転じることとなる。八月の観光客数は震災による落ち込みを挽回し、中尊寺参道は訪問客の肩が触れ合うほどの様相となり、金色堂入口には長い列ができるほどであった。

七～一一月は世界遺産登録の効果もあり同二二三・四％、一二月は四六四・六％と大幅増加した。平泉以外の県内観光地でも、一～六月期は同五六・五％であったものの、七～一一月は同八二・九％と回復基調を示し、平泉の世界遺産による波及効果が表れている。しかし一方、沿岸や県北では、観光施設や宿泊施設の復旧が進まず、被災地ツアーの取組みなどがあったにもかかわらず観光客の大幅な減少が続いている。

二〇一一年度（二〇一一年四月〜二〇一二年三月）の岩手県観光入込数（延べ人数）は、県全体で二三八四万八六九八 人回となり、二〇一〇年度に比較して一四・四％の減少となった。主な内陸地域と沿岸地域の入込数を示すと、以下の通りである（カッコ内は、二二年度の数値）（岩手県『平成二三年度版　岩手県観光統計概要』二〇一二年九月）。

平泉の世界遺産効果で回復、増加する平泉とその周辺の内陸地域、いまだに十分な復興を果たせず低迷を続ける沿岸・県北地域の二極化現象が顕著となってきているのである。

人回

盛岡市	3,572,712（3,244,470）
平泉町	2,102,582（1,867,704）
釜石市	254,286（780,835）
陸前高田市	23,961（945,719）
花巻市	1,976,926（1,893,128）
宮古市	329,455（1,084,119）
大船渡市	383,224（969,841）
田野畑村	52,820（625,940）

（三）被災地ツアーの取組み

二極化現象で低迷を続ける沿岸地域にあって、震災後いち早く取り組みを開始したのが三陸鉄道の被災地研修ツアーであった。

三陸沿岸を走る第三セクターの三陸鉄道は、駅舎や線路が津波で流されるなど壊滅的な打撃を受け、北リアス線、南リアス線ともに現在もなお不通個所を抱え、国の補助を受けながら全線復旧に向けて工事を急いでいる。

三陸鉄道では、被災からすぐの五月二日から、仕事のなくなった社員をガイドとして被災地を案内する「三陸・被災地フロントライン研修」を始めた。一団体四〜四五人で実施し、五月二日〜一二月二六日に、自治体、議会、教育・学会、土木・建築会社、各種協会の視察を中心に、一一五団体、一七〇〇人余を案内した。二〇一一年度全体では、三〇〇〇人の参加となった。この取組みは、まだ対応しきれていないこの地域の団体から個人への観光客層の変化への対応に、得難い経験を積むことになり、後に述べるプラットフォームの必要性を認識させるものとなった。個人や小グループに対応するために、それぞれ求められるニーズにどのようにきめ細かく応じていくのか、個別的なニーズに対応するための地域資源の情報をいかに蓄積しておくのか、各種ガイド等の必要性と適時的な配置などについて考えさせられるものとなった。

三陸鉄道では、これに加えて、二〇一二年六月一三日より久慈駅と田野畑駅間で、車内で震災・防災について学ぶことができる教育旅行用「震災学習列車」を実施している。

また、宮古観光協会学ぶ防災担当チームは、壊滅的な被害を受けた田老地区への来訪者に、震災への心構えと日頃からの対応を考えてもらうために、現地案内をしている。残された防潮堤の上からの被災状況を見てもらい、ガイドが説明、第一防潮堤の外側にある「たろう観光ホテル」では、社長が撮影した津波襲来時の映像を見てもらっている。四月一日~九月一六日に、教育旅行を含めて一万人を案内した。

(四) いわてデスティネーションキャンペーン(DC)の取組み

当初は平泉の世界遺産登録に関連した企画であったが、震災後の観光面からの復興の期待を込めて、岩手県では三二年ぶりとなるJRグループの大型観光企画・いわてデスティネーションキャンペーン(D

C）が、二〇一二年四月一日に実施された。六月末までの期間中、東北六県の代表的な祭りが集結する東北六魂祭など多彩なイベントを繰り広げ、全国からの誘客に取り組んだ。

期間中に県内を訪れた観光客は七三七万人で、目標の八〇〇万人は達成しなかったが、岩手県全体で震災前の二〇一〇年同期比二・九％減まで回復させ、ほぼ震災前の水準に達した。地域別では、盛岡広域、平泉のある県南は目標を上回ったが、沿岸、県北では伸び悩む結果となった。五月の東北六魂祭の開催や六月の平泉世界遺産登録を背景に、盛岡地域で二〇一〇年同期比一四・七％増の約二一四万七〇〇〇人、県南地域で同六・一％増の約三六八万人と、いずれも目標としていた震災前比五％増を上回る集客となった。一方、沿岸地域では、観光客数を調査する二〇地点が流失もしくは調査不能となり、同四二・五％減の約八八万六五〇〇人に減少となった。県北地域も同七・一％減の六五万五〇〇〇人となった（岩手県『いわての観光統計（平成二四年四月〜六月）』二〇一二年一〇月）。

被災地の復興を後押しするため、沿岸部と内陸部を結ぶ復興応援バスツアーを三コースで企画するなど取り組みが展開されたが、岩手県内観光の二極化現象を解消することはできなかった。

◉岩手・三陸観光の新たな方向性

（一）被災地ツーリズム・学ぶ防災・教育旅行

岩手・三陸地域では、従来の海岸美や奇岩の風景、三陸の海の幸を基礎とした食の観光を継続させつつ、新たな観光資源として、震災直後から展開してきた被災地フロントライン研修や学びの防災を総合化し、加えて、震災遺構を積極的に保存、活用することで、三陸観光の新地平を切り開くことが重要である。

また、二〇一一年二月、震災前に岩手県は「いわて三陸ジオパーク構想」を進めるべく推進協議会を立ち上げていた。二〇一二年に日本ジオパーク、二〇一五年に世界ジオパークを目指していたが、震災での遅れを取り戻し、三陸観光の新たな方向性の一つの目玉として、震災ともかかわりながらこの地域の特徴を地質面からも活かしていく必要がある。

(二) 三陸復興国立公園構想とグリーン復興ビジョン

環境省は、二〇一一年五月一八日、青森県の種差海岸から宮城県の松島までの沿岸部にある六つの自然公園を「三陸復興国立公園」(仮称)として再編することを発表した。その後、中央環境審議会の検討を踏まえて、二〇一二年五月七日、東北地方太平洋沿岸地域(青森県八戸市から福島県相馬市までを対象)における環境省の取組みの方向性が「三陸復興国立公園の創設を核としたグリーン復興のビジョン」として取りまとめられた(環境省『三陸復興国立公園の創設を核としたグリーン復興のビジョン』二〇一二年七月五日)。

その基本理念は、「国立公園の創設を核としたグリーン復興—森・里・川・海が育む自然とともに歩む復興—」であり、具体的取組(グリーン復興プロジェクト)として、以下の点が示されている。

①三陸復興国立公園の創設(自然公園の再編成)
②里山・里海フィールドミュージアムと施設整備
③地域の宝を活かした自然を深く楽しむ旅(復興エコツーリズム)

④南北につなぎ交流を深める道（東北海岸トレイル）
⑤森・里・川・海のつながりの再生
⑥持続可能な社会を担う人づくり（ESD：持続可能な開発のための教育）の推進
⑦地震・津波による自然環境への影響の把握（自然環境モニタリング）

これらの取組みの中に、これからの岩手・三陸観光の新たな方向性が明確に示されている。自然豊かで、風土に育まれた魅力ある民俗芸能などを活かしながら、三陸沿岸が一体となって新たな観光スタイルを創造していこうというのである。東北海岸トレイルを柱に、その周辺地域の自然、人々の生き様、食、歴史、民俗芸能などを楽しむ復興エコツーリズムを推進していく。そして、寄り添うように走る三陸鉄道が、ロングトレイル踏破の支えの役割を担い、被災地フロントライン研修で蓄積したノウハウを大いに発揮させながら、地域に根差した観光スタイルを構築していくことになる。

(三) 体験観光、教育旅行の多様な展開

農林水産、文部科学、総務の三省の連携で、全国すべての小学生が農山漁村で長期宿泊体験活動を行えるよう支援する子ども農山漁村交流プロジェクトが計画され、二〇〇八年度～二〇一二年度をモデル事業として実施されてきた。事業仕分で事業の縮小が打ち出されたが、岩手県では全国最多の八市町村（遠野市、葛巻町、田野畑村、久慈市、花巻市、奥州市、雫石町、洋野町）がモデル地域として事業を進めてきた。モデル地域の中には、震災の直接的な影響や支援活動の中で必ずしも当初の予定通り進んでいないところもあるが、この地域の持つ農山漁村の資源は、体験観光、教育旅行の多様な展開を可能とする

潜在力を持ち続けている。農山漁村の都市化傾向の進んだわが国において、おそらく全国にこれほど多くの資源を持つ最適地はないだろうと思われる。今後の新たな方向性の基礎として、重要な役割を演じていく可能性がある。

◉広域観光の創造と観光地域づくりプラットフォームの構築

沿岸観光の振興のためには、平泉の世界遺産と連携することで視察旅行や教育旅行をこれまで以上に誘致し、岩手県の広域観光の実現を図っていくことが必要である。平泉の浄土の世界と宮古市の観光の象徴である浄土ヶ浜とを連携させ、「浄土から浄土への旅」の実現を図り、観光による沿岸の復興に資する必要がある。そのためには、地域の情報と人材を集約し、地域のコーディネータ的役割を担い、対外的な統一的対応を展開する観光地域づくりプラットフォームの構築が不可欠である。

観光庁は、観光立国実現のためには観光地域づくりプラットフォームの構築が不可欠との判断から、広域観光圏を基礎とした助成制度を進めてきた。観光庁は、二〇一二年度、被災三県（岩手県、宮城県、福島県のいずれかを含む地域）において、広域的な連携による滞在型観光を推進しつつ、観光を通じた復興を図るための取組みを支援するため、観光地域づくりプラットフォーム支援事業（復興支援型）を創設した。盛岡・八幡平広域観光圏構想に関連して、平成二四年度「観光地域づくりプラットフォーム支援事業（復興支援型）」に採択された。盛岡・八幡平広域観光圏構想には、対象地域として宮古市、岩泉町が含められており、内陸と沿岸を一体的に構想していく方向性が検討されている。これを、平泉と繋ぐことによって、全県的な多様な広域観光が実現していく必要がある。

三陸鉄道と観光客誘致

齋藤　敏子

●はじめに

通常地方鉄道は民間企業であり、鉄道事業は赤字基調であるので国や地方自治体からの財政支援は欠かせない。しかし民間企業である以上は基本的に独立採算の経営体である。三陸鉄道株式会社（以下「三陸鉄道」）は民間企業ではなくその設置の時点から第三セクターとして運営されてきた。ここでいう第三セクターはヨーロッパでいうそれとは異なりいわば公と民の中間体である一・五セクターである。したがって第三セクターたる三陸鉄道は、地方自治体からの財政的支援を基盤としてきた。また近年では沿線・地元の市民からの支援活動も活発化している。これが観光客誘致等に一定の成果をもたらしていると考え本稿ではその取組みの一つであるサポーター活動に焦点を当てる（三陸鉄道を勝手に応援する会ホームページ〈http://santetuaid.com/〉）。

◉三陸鉄道の概況

三陸鉄道は地方鉄道としてはかなり長い営業距離をもっている。沿線各地域において多様な活動が行われている。特にサポーター組織の取組みが目立っていると言えよう。この動きは震災の前後を通じて継続されており、第三セクター運営についてのリーディングケースとなるととらえている。

被災する前の三陸鉄道は、約一一〇キロメートルにもおよぶ相当な営業距離をもっていた。北リアス線と南リアス線からなっており、地域の状況から通常の民間鉄道としての経営は困難である。既に運行を開始してから三〇年近くが経過している（藤生慎 他「二〇一一年東北地方太平洋沖地震における三陸鉄道の被害調査速報」『生産研究』六三巻四号二〇一一年、一四四頁）。第三セクターであるため地方自治体所有の株式が大半である。多くの鉄道事業と同様に輸送人員実績は低落傾向を示している。開業当初こそ三〇〇万人に迫る勢いであったが、減少が続き震災前には一〇〇万人を割り込んでいる。背景にはモータリゼーションがあり、とくにこの地域においては過疎化の進行が大きく影響している。地方の中小鉄道は同様の状況にあるが、そのなかでも相当に低い水準にあった。

もちろんこのような状況はヨーロッパにおいても一般的であり、単年度で填補できる赤字については容認されるが累積したものについては廃線の検討も視野に入ってくる。三陸鉄道もまさにこのような厳しい状況下にあり、その経営方法についても革新がはかられた。すなわち上下分離方式（鉄道、道路や空港等大規模施設の経営において、下部（インフラ）の管理と上部（運行・運営）を行う組織を分離したうえで、下部と上部の会計を独立させ別々に管理する方式。一般的には、中央政府・自治体や公営企業・第三セクター企業等が土地や施設等の資産（下部）を保有し、その資産を民間会社や第三セクターが借り受ける等して運行・運営（上部）のみを行う）を取り入れた。これは運営とインフラを切り離し、インフラ部分の負担を経営から除くという手法である（金谷隆正「鉄道復旧が拓く地域復興の道～三陸鉄道の復旧に向けて　その動向と課題～」『日経研月報』二〇一二年一月、七四頁）。しかし、様々な努力や工夫にもかかわらず公的助成の比率は、収入の約七割にまで及んでいる。このような状況下で、東日本大震災に遭遇し大打撃を受けるに至ったのである。現在（二〇一二年八月）でも全線再開には至っていない。

◉サポーター組織と観光振興

以上のように震災前からの厳しい経営状況を打開するために、種々のマーケティング努力が行われた。観光利用および地元の利用の促進をはかる方向での努力である。定番である観光ツアーやオリジナルグッズの開発（いろいろな三陸鉄道のオリジナルグッズが販売され、「地域ブランド化」の一環を担っている。例南リアス線　盛駅⇕吉浜駅災害復旧工事区間　被災レール、「さんてつのうた」CD等〈http://sanrikutetsudou.shop—pro.jp/〉）が行われ、これを観光客の増加に結び付ける、というものである。このようなどこの観光地でも行っている方法が成果をみせ、観光客は増加方向に転じている。また地元に対しては地元の鉄道であるという意識の向上と利用促進をはかる方向が打ち出されてきた。この一環として多くのNPOと同様地方自治体のイニシアティブによりサポーター組織が発足することとなった。収入の大半を公費助成に仰いでいる状況下では経営コストの増大は全く不可能である。一般に歳入の減少を補う方途としてNPOその他の民間非営利組織にその活動を委ねることが想定される。三陸鉄道の場合にもサポーター組織の活動が鉄道サービスの補完に一定の役割を果たしている、と言ってよいであろう。

そのようなサポーター組織の一例として「三陸鉄道を勝手に応援する会」を取り上げる。この組織はボランティア組織が拡大し三陸鉄道を支援する組織へと発展したものである。スタッフには三陸鉄道の経営陣も含まれており、ボランティア組織とはいえ全くのアウトサイダーというわけではない。インサイダーからの正確な情報をもとに地道に活動を積み上げていった。

活動はいわゆるプロモーションに関わるものが多いが、製品政策に属するものもある。したがってマーケティングの広範な領域に関わるものといえよう。もちろんこれらの活動は本来鉄道会社本体が実施するものであるが、それを補って有効に機能したと考えられる。その結果として観光客誘致に一定の向上をみることができた。

製品政策としては車両の有効活用として貸切り列車の運用があげられる。現状では年数回にとどまっているが、更なる稼働は十分に期待できる。車両の有効活用はコストの低減につながるが、前提として顧客の増加が必要である。震災後はこれらを含めた三陸鉄道復興計画についても組織内で議論している。

プロモーションについてはNHKの支局と連携して地デジについてラッピング広告を受注している。また「駅―一グルメ」(この駅で一番推奨されるメニューを「えきいちグルメ」といっている。ほや鍋、海鮮丼、スイーツセットに黄金麺と、三陸産の食材と技法を使った料理が供されている)運動についても支援を行い、乗客数拡大に寄与している。このような鉄道会社本体のマーケティングに関わる取組みがはかられている理由は、スタッフに経営陣が含まれていたことがあげられよう。このため三陸鉄道にとって必要な活動をタイムリーに実施できたことが考えられる。

山口団地駅が設置された折には迅速に駅庁舎建設のための基金について募金活動がなされた。また福利厚生に制約が加えられている三陸鉄道職員に対する「差し入れ」等も時宜を得た活動が行われている。さらに駅の美化活動にも積極的に取り組んでおり、新たに花壇を設置し、施設の錆取りおよび塗装作業がなされている。

地域に対する貢献活動でも実績を積み上げつつある。沿線住民に対して三陸鉄道への応援キャンペーンを実施するとともに、沿岸漁業者に対する応援募金活動も一定の成果をみている。

会員数は約七〇名であったが、三・一一の後は倍増している。もちろん沿線を中心とした県内会員が多数を占めているが、三・一一後は他県からの参加が増大している。盛岡にある印章店および宮古にある鮨店が活動中心であるため、印鑑や鮨の提供が活動の大きな部分を占めていたが、参加者の多様化により他地域での多様な活動が実施されている。より地元住民に近いサポーター組織もあるが、全国的な広がりをもつ点で三陸鉄道を勝手に応援する会の特色がみられる。とくに三・一一後にはその支援対象が三陸鉄道だけでなく震災の被災者とくに被災漁業者に広がっている。

◉三陸鉄道復旧の道程

三陸鉄道は二〇一二年四月の段階で北リアス線の陸中野田〜田野畑間で運行を再開し、全長一〇七キロの半分が開通している（図表1）。二〇一〇年に全線復旧することが目標となっている。他方、JR東日本は二〇一二年三月にJR八戸線を全線再開した。しかし震災により甚大な被害を受けた山田線、大船渡線、気仙沼線等の多くの路線で再開のめどは立っていない。

鉄道事業は地方においては黒字化が期し難いところが多く、一般的にその維持は困難である。経常的な維持が難しいうえに復旧費用がかかるとあっては、その再開が容易でないことは明らかである。三陸鉄道とJR東日本では大きく事情が異なっている。もともと典型的な地方線である三陸鉄道は赤字基調であった。このため全線復旧に必要と積算された一〇〇億円に超える費用については、ほぼ全額が国によって補填される。ところが地域線は別として、JR東日本全体としては黒字である。JR東日本管内の地方線については山手線等の黒字線から内部補填

図表1　岩手県三陸鉄道路線

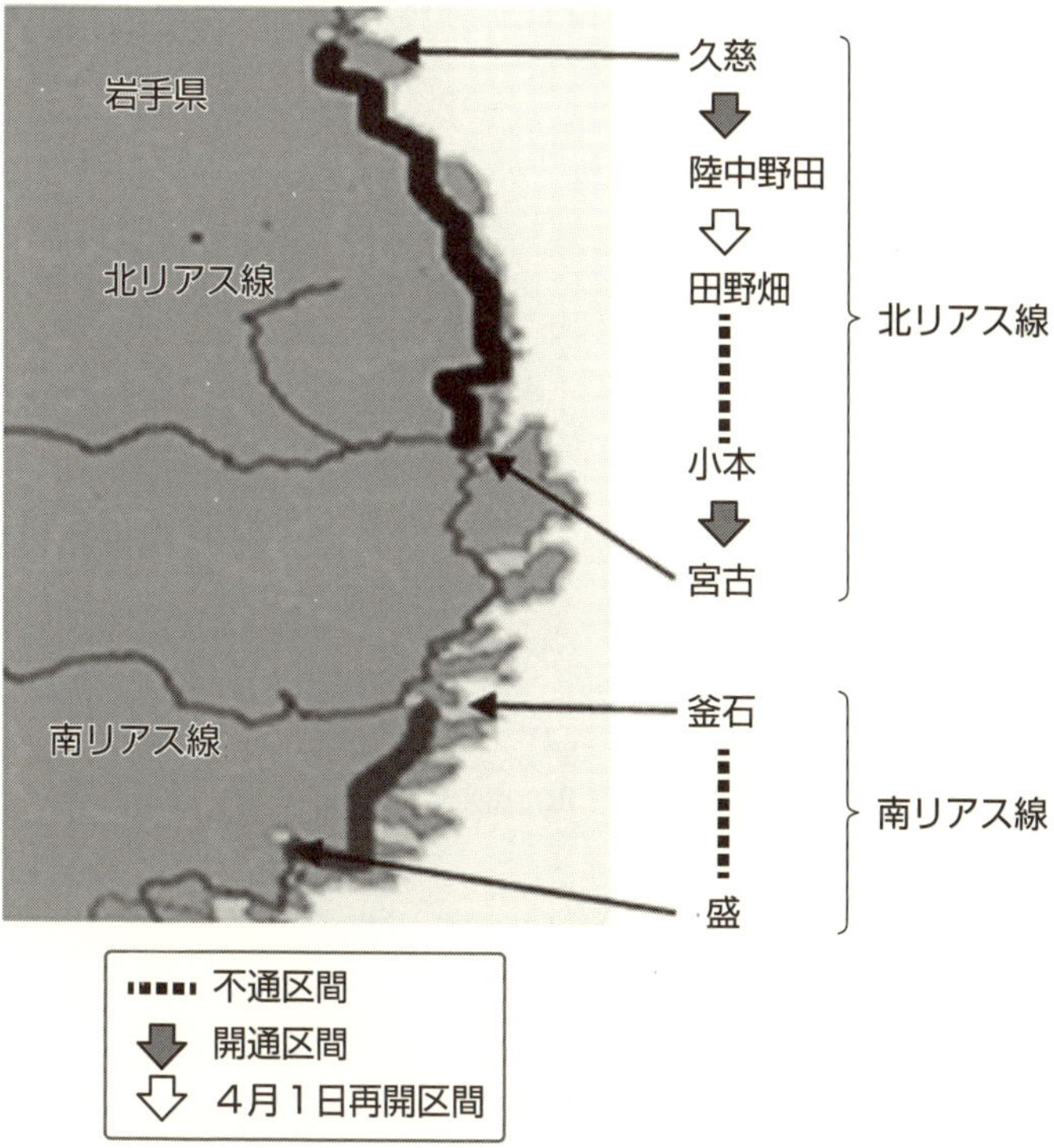

されている。ＪＲ東日本全体としては黒字であるために不通路線の再開費用は自前で賄わなければならない。被災地域の路線復旧には一〇〇〇億円を超える費用がかかると見積もられている。一民間企業として国からの補填が得られない状況下では再開の意思決定は極めて難しいと言わざるを得ない。

国からの補填により再開のめどが立っている三陸鉄道にしても問題は山積している。ピーク時には三〇〇万人に近い輸送実績も三・一一前には一〇〇万人を大きく割り込んでいた。この結果、年間一億数千万円の事業損失を計上していた。既に述べたようにモータリゼーションが進行しかつ当該地域では過疎化が深刻である。加えて路線面で連携するＪＲ東日本線の復旧については不透明である。乗り継ぎ客等の減少も見込まなければならない。多重化する市場の縮小に直面しているといえよう。

ＪＲ東日本の被災地域にある路線は、三陸鉄道と同じような状況にあると考えられる。それぞれの路線の収支は公表されているわけではない。この赤字路線を再開することは、民間企業として決して首肯できるものではないであろう。ましてや再開費用としてさらに一〇〇〇億円以上の投資が必要である、とすればなおさらである。ここにＢＲＴ（バス・ラピッド・トランジット（Bus Rapid Transit）の略。バスによる都市大量高速輸送のことを意味している。一般的に鉄道とＢＲＴを比較した場合、ＢＲＴは速度と輸送力が劣り、かならずしも鉄道の代替とならないことが問題となる）による代替が提案される背景がある。ＢＲＴはバス専用道路をバスだけが走ることにより高速化・効率化をはかる。通常は電車が走っていた軌道上をバスが走るというかたちである。線路を敷設する負担がないため復旧コストが下げられ、復旧期間じたいも大幅に短縮できる。

復旧を迅速化しコストを低く抑え、経済的な合理性を追求するにはＢＲＴが適当であるが、地元市民は地域を象徴するものとして鉄道を復旧して欲しいという強い希望をもっている。また輸送力についてはＢＲＴにすると鉄道に比べ大きく低下する。ＪＲ東日本はＢＲＴでの復旧を推進してきた。気仙沼線についてその復旧の前段として「仮復旧」の位置づけが明確にされた。この仮復旧を体現するものとしてのＢＲＴ導入を沿線の自治体が同意した。しかしあくまで鉄道復旧が主でありＢＲＴはそのつなぎとしての位置づけである、というのが地域住民の意向であろう。

◉観光振興へ向けて

被災したそれぞれの地域はその地方線と一体化した社会を構成してきた。単なる輸送機関ではなく地域文化の構成要素ですらある。ここから地域性が醸成されてきたともいえる。純粋に経済合理性からいえば、廃線が妥当なのかもしれない。しかしそうだとすれば、赤字が予測される地方に延伸する新幹線、赤字基調のＪＡＬの国際線・地方線等も廃止しなければならないことになる。もちろんそのような結論にはならないであろう。同様に地方線も再開への方向が強く希求されるものと考えられる。そのために観光振興は強力な一助となろう。

エコツーリズムによる震災復興支援

―一〇〇〇年の宝を紡ぐ神楽の里のエコツアー―

海津　ゆりえ

二万人を超える死者・行方不明者を出し、繰り返し「未曾有」と報道されてきた東日本大震災だが、実のところ未曽有などではなかった。三陸沿岸は、記録に残っているだけでも貞観時代より幾度も大地震と大津波に見舞われてきた「地震・津波常習地」だからである。しかし、いつの災害の後も人々は立ち直り、住み続けた。再び津波の猛威に遭遇すると知りながらも、留まることをやめなかったのである。生活という日常と、地震・津波という非日常の間を生きてきた人々に対して、一観光研究者にいったい何ができるだろう。本稿は、この問いからスタートした小さなプロジェクトと、そこから得た提言である。

対象地域は岩手県宮古市。松島と並ぶ三陸の代表的観光地、浄土ヶ浜をもつ市であるが、筆者らがプロジェクトの要としたのは、宮古に伝わる伝統芸能「黒森神楽」であった。

◉黒森神楽の風景

東北は山岳信仰の地である。沿岸被災地で神楽が日常的に演じ継がれて来ていたことは、震災報道を機に広く知られるところとなった。黒森神楽もその一つである。

黒森神楽は、宮古市山口にある黒森山中腹の黒森神社（写真1）を本拠地とする神楽である。神楽衆は黒森神社で神を遷された「権現様」（獅子頭）を携えて集落を廻り、権現舞を舞い、五穀豊穣や大漁などを祈願する。黒森神楽は他の神楽にはない独特のスタイルを保っている。通常、神楽は神社の氏子衆が住む範囲（カスミ）内で舞うが、黒森神楽は毎年一月三日に黒森神社で獅子頭に権現様を遷すと、宮古市山口集落を出発して概ね三月初旬までの間に三陸沿岸一帯を巡行するのである。

その起源は定かではないが、古文書によると一六七八年には現在のような巡行の形態が確立されていたという。宮古市以北の岩泉町、野田村、普代村、田野畑村、久慈市までを回る北廻り巡行ルートと、宮古市、旧新里村、山田町、大槌町、釜石市等を回る南回り巡行ルートがあり、毎年交互にどちらかのルートをたどる。神楽衆も、巡り歩く沿岸域諸地域から選りすぐりの優れた舞い手が集められて結成されている。神楽研究者の橋本裕之氏は、黒森神楽は「神楽のドリームチーム」と表現する。各集落では、個人が自宅を「神楽宿」として神楽衆を出迎え、食事を提供し夜神楽の夕を設けてきた。しかし近年は住宅事情等から神楽宿は急激に減少しており、加えて津波に遭った神楽宿も少なくない。

黒森神楽は、なぜ長きにわたり広域で厚い信仰を得てきたのか。二つ

写真1　黒森神楽（岩手県宮古市山口）

のポイントがある。一つは黒森山（標高三三〇メートル）は沖合からよく見えたため、三陸沿岸の漁師から「当て山」とされてきたことである。黒森山は漁師にとって守り神のような存在だった。ゆえにか、南部藩は黒森神楽に村域を越えて巡行することができるというお墨付きを与え、神楽衆はそれを携えて沿岸域を巡行してきた、と言われている。もう一つは、神楽が暮らしに生きる信仰だという点である。地震や津波、不漁等の自然災害に遭遇した翌年は、各地でより盛大に神楽は舞われた。沿岸域の人々にとって、神楽は鎮魂と再生のシンボルであり、祈りなのである。黒森神楽保存会代表・松本文夫氏によると、三・一一後しばらくの間、多くの神楽は舞うことも音を出すことも控えたが、六月頃になると神楽衆だけで海に向かって舞ったり、盆が近づくと住民から「神楽が心の支えだから。」と請われて上演したりするようになっていったという。まさに黒森神楽は沿岸域の暮らしに根付いた「宝」なのである。

黒森神楽で最も重要な舞は「山の神」であるが、その他主な舞には豊漁を祈る「えびす舞」、スサノオノミコトが勇壮に舞う「清祓」、祝いの舞「松迎え」など多数の舞がある。時に優美に、時に荒々しく、滑稽に。聴衆は演目に合わせて静かに鑑賞したり、大笑いしたりと心得たものだ。

◉震災復興支援プロジェクト

（一）プロジェクトの五つの視点

黒森神楽の故郷宮古市で、我々に何ができるか。筆者らが考えた理念は次の五点であった。

①被災地の人々が住み続けるエネルギー源である「宝」の再認識につながるものであること。
②地域外の人々が、住民に接して直接応援することができるものであること。

③地域の経済に結び付き、人材をいかすしくみづくりにつながるものであること。
④プロジェクトに関わる側に学び成長があること。
⑤ともに創造し、楽しめるものであること。

被災によって多くを失った人々を支えるのは、第一に、住み続けることを励ましてくれる地域の自然や文化などの恵みや宝であり、外からの支援や人々の温かい関心であろう（①、②）。さらにその循環のしくみを地域の人々が支え、少しでも経済に結び付けることができれば望ましい（③）。そして支援側に喜びや学びがあること、そして楽しいことが持続のカギとなるだろう（④、⑤）。

プロジェクトの主旨は、震災を経てもなお残り、人々とこの土地の一〇〇〇年を超える絆である地域の宝を掘り起こし、それをもとに域外から人を呼び寄せるエコツアーを企画・実施することとした。観光施設の有無には拘らない。その背景には観光資源の被災状況の実態（図表1）があった。これは（公財）日本交通公社（二〇一二）による宮古市の観光資源の被害状況に関する調査結果であるが、一見してわかるように、観光施設やインフラ、道路など人工物への津波の影響は著しいものの、浄土ヶ浜の景勝地などの自然は生き残っている。そこで自然や文化、伝統芸能など、地震・津波による物理的破壊に堪え、人々の心に根を下ろしている資源（「宝」）に着目したのである。プロジェクトのタイトルは「一〇〇〇年の絆を紡ぐエコツーリズム調査」とした。

エコツーリズムとは本来、自然の保全と地域活性化とバランスある観光の考え方である。その根底に宝探しがあり、宝を伝えるための案内人を地域で養成する。その過程で様々な人々が参画することになり、ひいては社会運営システムの再構築につながるが、それは、震災からの復興過程で求められている

図表１　宮古市における観光資源被災状況

<table>
<tr><th rowspan="2">区分</th><th rowspan="2" colspan="3">資源名称</th><th colspan="2">状況評価</th><th rowspan="2">備考</th></tr>
<tr><th>資源</th><th>利用
（2012年３月）</th></tr>
<tr><td>海岸</td><td colspan="3">大須賀海水浴場</td><td>○</td><td>×</td><td></td></tr>
<tr><td>キャンプ場</td><td colspan="3">姉吉キャンプ場</td><td>×</td><td>×</td><td></td></tr>
<tr><td>原野</td><td colspan="3">十二神自然観察教育林</td><td>◎</td><td>◎</td><td></td></tr>
<tr><td>岩石・洞窟</td><td colspan="3">トドヶ崎</td><td>◎</td><td>×</td><td></td></tr>
<tr><td>海岸</td><td colspan="3">女遊戸海水浴場</td><td>△</td><td>×</td><td></td></tr>
<tr><td>キャンプ場</td><td colspan="3">中の浜キャンプ場</td><td>×</td><td>×</td><td></td></tr>
<tr><td>岩石・洞窟</td><td colspan="3">姉ヶ崎</td><td>◎</td><td>◎</td><td></td></tr>
<tr><td>博物館</td><td colspan="3">県立水産科学館</td><td>◎</td><td>◎</td><td></td></tr>
<tr><td>海岸</td><td rowspan="4">浄土ヶ浜一帯</td><td colspan="2">景観（遠景）</td><td>◎</td><td>○</td><td></td></tr>
<tr><td rowspan="2">海岸</td><td rowspan="2">浄土ヶ浜</td><td>活動対象</td><td>○</td><td>×</td><td>2012年６月
再建・再開</td></tr>
<tr><td>鑑賞対象
（近景）</td><td>○</td><td>○</td><td></td></tr>
<tr><td>海岸</td><td colspan="2">蛸の浜</td><td>○</td><td>×</td><td></td></tr>
<tr><td>島</td><td colspan="3">日出島</td><td>◎</td><td>×</td><td></td></tr>
<tr><td>岩石・洞窟</td><td colspan="3">ローソク岩</td><td>◎</td><td>×</td><td></td></tr>
<tr><td>岩石・洞窟</td><td colspan="3">潮吹穴</td><td>−</td><td>×</td><td></td></tr>
<tr><td>海岸</td><td colspan="3">真崎海岸</td><td>−</td><td>×</td><td></td></tr>
<tr><td>キャンプ場</td><td colspan="3">沼の浜キャンプ場</td><td>×</td><td>×</td><td></td></tr>
<tr><td>岩石・洞窟</td><td colspan="3">三王岩</td><td>◎</td><td>◎</td><td></td></tr>
<tr><td>施設</td><td colspan="3">シートピアなあど</td><td>×</td><td>×</td><td>2012年７月
再開</td></tr>
</table>

凡例：「観光資源そのものの状況」の評価基準

記号	観光資源の状況	利用の状況
◎	影響は見られない	影響は見られない
○	資源の一部について軽微な影響が見られる	一定の制約の上であれば観光利用が可能
△	資源の一部について重大な影響が見られる	
×	資源は元の姿を全く留めていない	現状では観光利用は不可能
−	目視による確認ができなかった	目視による確認ができなかった

出所：日本交通公社（2012）より引用。

作業に他ならない。

(二) プロジェクトの進め方

プロジェクトは、次の三つのステップで計画・実施した。

ステップ一:宝探しの実施:宮古市住民へのインタビューを通して宝探しを行い、宝をほりおこす。具体的には宮古市商業観光課を通して黒森神楽・自然・食文化・信仰・生業などに関わる人材の紹介を受け、ヒアリングを実施した。調査対象者は二〇一一年度二四名、二〇一二年度八名の計三二名に及んだ。調査結果は報告書とフェノロジーカレンダーにまとめる予定である。

ステップ二:実証実験:宝をいかしたエコツアーを企画し、試行する(二〇一二年八月、一〇月)。具体的には、宝探しの成果をもとに、ウォーキング型のエコツアーを企画、実施した。

ステップ三:推進体制づくり:実証実験を踏まえ、宮古における今後のエコツーリズム推進を図る。これは今後の課題となっている。

実施メンバーは文教大学・立教大学・京都嵯峨芸術大学教員と文教・立教大生、フリープランナー、二戸市職員等であり、二〇一二年度から日本エコウォーク環境貢献推進機構がこれに加わった。

プロジェクトは二〇一一年五月に起案、宮古市長との面会が実現した七月一四日に実質的にスタートした。二〇一一年度は日本観光研究学会の東日本大震災復興支援特別研究費、二〇一二年度はJR東日本ウォータービジネス社とNPO法人日本エコツーリズム協会、二戸市の資金援助を受けた。

（三）実証実験としての「エコウォーク」

二〇一二年一〇月、ステップ二として、調査の結果を応用したエコツアーを企画・実施した。実証実験の目的は、①コースとプログラム開発、②受け入れと実行に関わる運営、③ガイド育成とガイドの提供、④交流による直接的・間接的還元などいくつもあったが、実験終了後にそれらの知見が残ることを目的とした。「エコウォーク」とは地元ガイドによる案内・解説を受けながら歩き、参加費が地域の環境保全に還元されるというしくみで、日本エコウォーク環境貢献推進機構が進めている事業である。

プログラムは次の二種類としたが、両者は「三陸に生きる人々の自然と精神のコスモロジー」という共通テーマで括られる。

㈠ プログラム一：海と山と人々と神をつなぐ黒森神楽

沿岸域の人々の厚い信仰の対象である黒森山を、黒森神楽の権現様がおわす黒森神社まで、神社総代会の方々のガイドにより歩く。昼食は山口集落の女性たちの手作り料理を堪能し、黒森神楽講演会と神楽鑑賞する。

㈡ プログラム二：三陸の宝・陸中海岸と田老〜復興する宮古の自然と生業を訪ねる

大被害を受けた田老海岸から東北海岸トレイル（仮称）を歩いて沿岸域の自然を体験し、観光協会による「学ぶ防災」ガイドから津波の実態を学ぶ。昼食は海の幸ふんだんの「福幸弁当」を復活した田老漁港でいただき、終了後は地元市場でお買い物。

各二〇名の定員は満員となった。参加者は、黒森神楽の卓越した技量や三陸海岸の自然のダイナミックさに感嘆の声を上げ、山海の幸に舌鼓を打ち、「また来るね」という声を残してお土産を抱えて帰られた。現在、宮古市では、ウォーキングの担い手となった人々を中心に、この成果をどう引き継ぐかの検討を続けている。

◉エコツーリズムによる震災復興支援を通して

震災復興のあり方に定石はないが、本プロジェクトを通して次のことが言える。

①外から復興を見守り続けるまなざしとして観光の役割は大きい。被害や復興への素直な興味・関心は、被災された方々にとって嫌味ではない。

②「宝」の再認識は、復興に向かう人々を支える自信やヒントになる。よそ者がそれを手伝うことは意味が大きい。特に学生の参加は「次代に残し伝えたい」という被災地の方々の思いを受け止める上でも望ましい。

③震災復興支援もブームで終わらせないよう、これきっかけとした新しい地域間交流に転じていくしかけが必要である。

震災復興支援に関わり始めた研究者として筆者が自分に課すのは、旅人として通いながら支援を続けることである。二〇一二年から筆者の正月は黒森神楽の舞立ちで始めるようになった。節目に神楽を待ち望む沿岸の人々の心に近づくことが、その一歩と考えている。

（参考文献）　日本交通公社［二〇一二］「東北地方太平洋沖地震後の陸中海岸地域における観光資源の状況把握調査」

震災からの観光の回復過程を考える

―農村ツーリズムの観点から―

大江靖雄・福井美穂

◉はじめに

日本列島に生きる私たちは、地震とともに暮らすことを余儀なくされている。日本人とは極東の小さな島々で地震とともに生きる人々という定義ができるかもしれない。しかし、この列島の先人達は、地道な努力と人々の団結により、そのたびに震災からの復興を成し遂げてきた。観光についても同様な復興が期待されている。実際には、震災からの観光の回復過程は、地域によってそれぞれ異なり一様ではないと考えられる。特に、農村地域を襲った震災からの回復過程は、都市部におけるそれとは異なることが想定される。しかし、これまで、震災による農業部門の被災状況についての調査はあるものの（農林水産省中国農業試験場監修『都市型災害と農業・農村―阪神淡路大震災の食料供給・農業への影響―』農林統計協会、一九九八年）、農村地域の観光と震災からの復興過程に関しては、十分分析されてきたとはいいがたい。とりわけ、今回の東日本大震災の被災地は農村地域が大半であり、観光部門への深刻な影響とその回復をいかに図るかが問われており、この点で過去の事例を分析することは、震災後の有効な農村観光振興策を探る上で重要な論点と考える。

そこで、本稿では、まず過去の震災の例を都市型、農村型、離島型に区分して、この三つのタイプの比較から、観光入り込み客の回復過程の特徴と違いについて考察する。次に、今回の東日本大震災の南端の被災県である千葉県の農村ツーリズムの活動主体への聞き取り調査の結果から、その回復過程の特徴について考察し、迅速な回復に有効な要因と今後の震災を考慮した農村ツーリズム振興の課題を展望する。

◉震災からの観光入り込み客の回復過程―都市型、農村型、離島型の比較考察から―

ここでは、九〇年代以降に我が国で発生した三つの大きな震災地域を取り上げて、観光入り込み客の回復過程に焦点をあて、それぞれのパターンを比較して、特徴を明らかにする。そして、農村における観光の回復過程に関する政策的示唆を得ることを目的とする。

具体的には、都市型として阪神淡路大震災被災地の神戸市、農村型として中越地震被災地の新潟県旧川口町、離島型として北海道南西沖地震被災地の北海道奥尻町を対象とする。各地域の震災の状況については図表1に整理してある。三地域の震災前後の観光入り込み客の動向とその後の回複状況を図示すると、図表2から図表4のように示される。縦の点線は震災発生年を示している。まず、都市型の被災地神戸市の場合、震災後観光入り込み客数は、減少したが、その後V字型の回復過程を示しており、三つの区分の中では最も早い回復過程を示している（図表2）。次に、農村型の旧川口町についてみると、震災後入り込み客数は落ち込んだ後、回復は緩やかで震災前には戻っていない（図表3）。最後の離島型では、震災後の落ち込みが激しく、その後の回復がみられないL字型のパターンを示している。三つのパターンで最も厳しい回復過程を示している（図表4）。

以上みたように、地域ごとに震災からの回復過程は大きく異なっている。もちろんこれには、都市、農村、離島というそれぞれの観光資源の違いやそれに対する被害状況の違いも作用していることは否定できない。しかし、一つ明確な点は、都市型の観光に比べて、農村や離島では、一度大きな震災を被ると観光の回復は大きく遅れてしまうということである。このことから、農村や離島における観光業の復興には、長期的な視点からの振興策が不可欠であるといえる。

◉千葉県における震災からの農村ツーリズムの回復過程

千葉県は、東日本大震災における被災地に含まれるものの、その被害の程度は、甚大な被害を被った東北三県に比べて相対的には軽いものといえる。しかし、その数字自体は決して小さいものではない。千葉県により推計された具体的な被害額をみると、商

図表1　各地震による各地の被害状況

市町名	発生年月日	最大震度	マグニチュード	人的被害（人）		建物被害（棟）		主な観光資源への被害
				死者	行方不明者	全壊・全焼	半壊・半焼・大規模半壊	
神戸市	1995-1-17	7	7.3	4,571	2	74,386	55,225	北野異人館風見鶏の館（1997年再開）、萌黄の館（1996年再開）
旧川口町	2004-10-23	7	6.8	6	0	606	490	えちご川口温泉（再開）
奥尻町	1993-7-12	推定6	7.8	172	26	437	88	ホテル洋々荘（裏山崩壊）、鍋釣岩一部破損（修復済）、賽の河原（再開）

出所：神戸市　：神戸市ホームページ　被災状況及び復興への取り組み状況
旧川口町：新潟県ホームページ　平成16年新潟県中越大震災による被害状況について（最終報）
奥尻町　：奥尻町ホームページ　蘇る夢の島！北海道南西沖地震災害と復興の概要

図表2　神戸市観光入込客数の推移

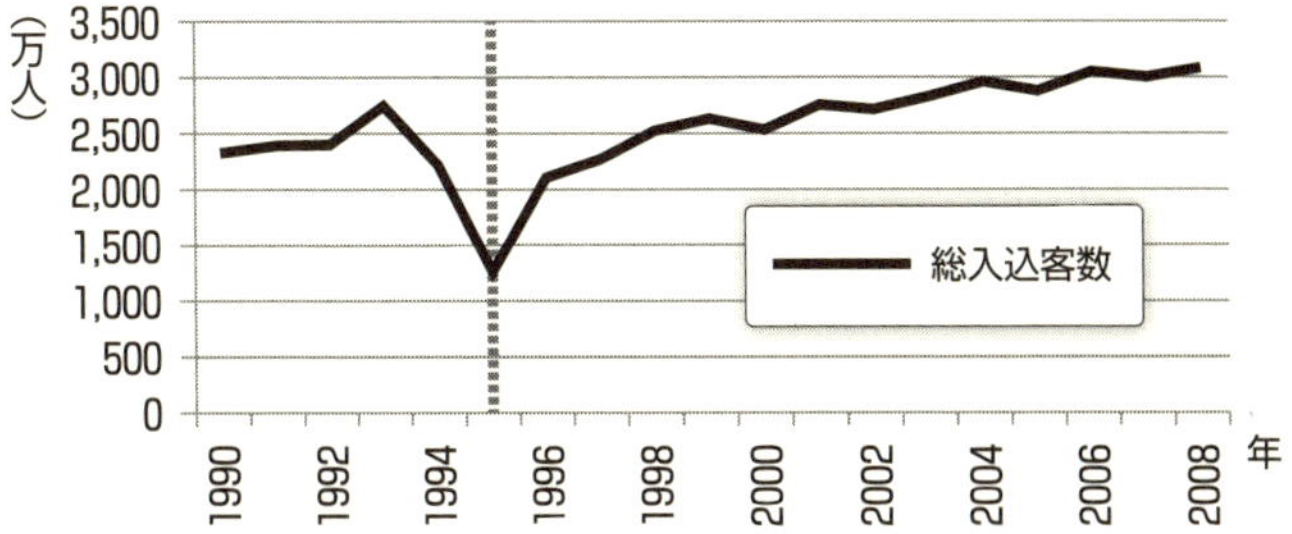

出所：「全国観光動向」日本観光振興協会。

図表3　旧川口町観光入込客数の推移

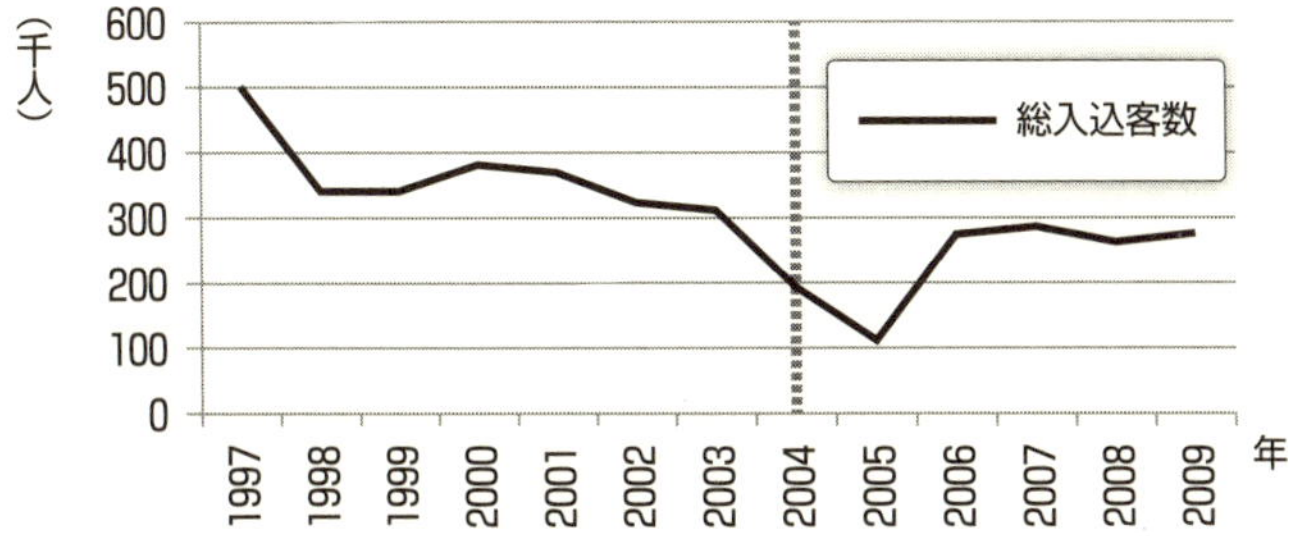

出所：「全国観光動向」日本観光振興協会。

図表4　奥尻町観光入込客数の推移

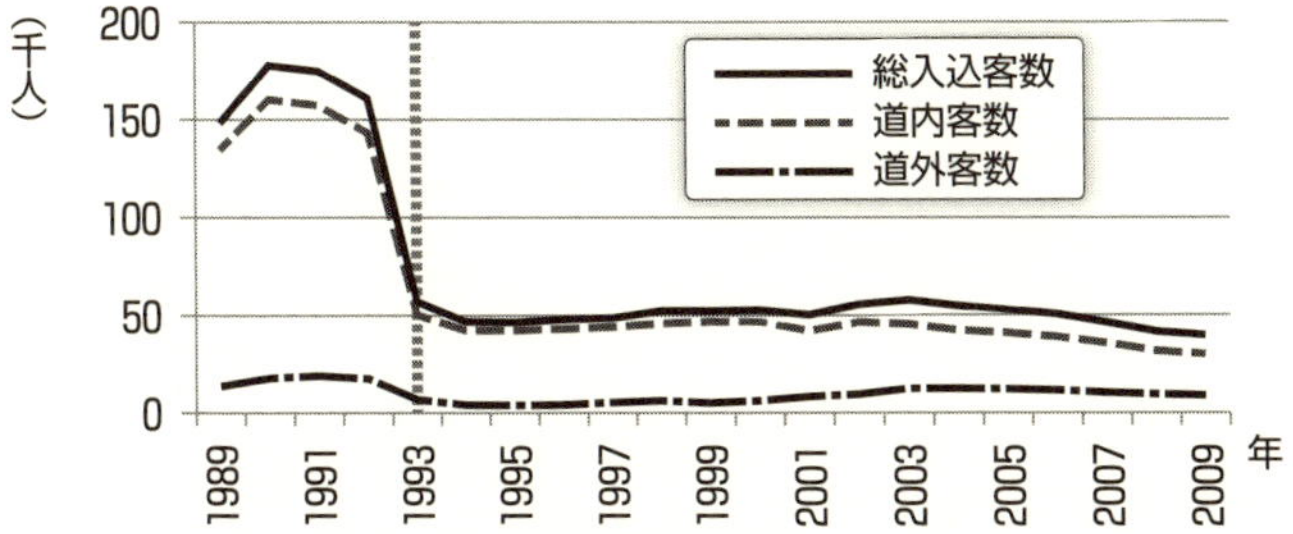

出所：「全国観光動向」日本観光振興協会。

工業においては、工業被害額約一九八億円、商業被害額約九〇億円、ホテルなどの宿泊観光被害額約二九億円、さらに、製油施設の炎上被害額約一三二億円と推計され、商工業被害額は、合計で約四五〇億円と推計されている。農林水産業被害額については、施設被害が三二七・四億円、農林水産物被害が一八・六億円と推計されている（千葉県農林水産部二〇一二年二月一日集計）。その内訳をみると、施設では、農地の液状化や農業用水路、ハウス・畜舎等の損傷で一九二・四億円、水産業施設の被害（一一〇・五億円）で大半を占めている。また、農林水産物被害額では、水産物被害が最も多く（一一・八億円）、次いで停電による野菜・花卉および畜産物などの被害（六・八億円）となっているが、これらには放射性物質の拡散に伴ういわゆる農産物の風評被害分は含まれていない。風評被害に関しては、調整中の漁業を除いて農林業で合わせて約九八億円の損害賠償請求がすでになされている（二〇一二年五月三一日現在）。現在、シイタケ栽培の原木供給が止まったことによる問題も無視できない。

もちろん津波の直接的被害を受けた県東北部の沿岸地域の被災者にとって、被害の程度の云々は慰めにはならないが、千葉県全体としていえば、農業生産への物的な被害が地域限定的であったのに対して、放射能拡散によるその後の風評被害による問題は県内全体に広がっている。また、農業部門では、その被害の甚大さと緊急性から物的な被害に対する関心が高いのに対して、都市農村交流活動への影響については、言及されることは多くない。そこで、ここでは、特に都市農村交流に関連した活動への震災の影響について、筆者の調査結果などから考察し、今後の震災や復興対策への示唆を得たいと考える。

筆者らが千葉県内で行った実際の農村ツーリズムの主体である都市農村交流活動の担い手への聞き取り調査によると、震災時は春の早い房総半島の行楽シーズンの入り口であったものの、自粛や放射能の影響などで、震災直後の入り込み客数の落ち込みは当然ながらどこも大きかったといえる。上記の観光施設に関する被害額も、物的被害そのものよりも、風評による入り込み客数の減少によるものが大きいといえる。その後、入り込み客数は徐々に回復過程にあるものの、この点に関して、宿泊施設により違いが観察できる。

つまり、不特定多数の訪問者の受け入れを行っている都市農村交流施設では、震災後の落ち込みが大きく、リピーターの割合が高いほど落ち込みが少ないという結果を得ている。加えて、首都圏在住者よりも、西日本方面からの訪問者の方が震災後敬遠する傾向が強いことが、明らかとなった。これは、遠隔地ほど正確な情報が伝わらず、不安が増幅されることを示している。これらの事実から、都市と農村側の関係の強さにより、震災後の来訪の行動に違いが生じているといえるのである。つまり、日頃から都市側との緊密な関係を作り維持しておくことが、平常時のみならず震災時にも有効であるといえる。よく、リピーターはサポーターといわれることがあるが、緊急時においてその点がより明確に発揮されるといえるのである。

以上の考察をまとめると、的確な情報提供のみならず、顧客マネジメントの重要性が指摘できる。顧客マネジメントの重要性は、従来からも農産物マーケティングや観光研究においても指摘されてきた。しかし、それらの指摘は、平常時の経済行動を想定した指摘であり、震災時のような情報が錯綜・混乱している状況下を想定している訳ではない。正しい情報提供による顧客マネジメントは、災害時の風評被害に対してのリスク低減策としても有効であることを、今回の震災経験から、私たちは学ぶことができるのである。このことは、都市と農村の距離を縮める日頃からの努力が大切であることを物語っている。その際重要な点は、本物を大切にする農村のホスピタリティ（おもてなし）に磨きをかけるとともに、顧客マネジメントの視点をも失わないことである。この二つは、震災という障害物を乗り越えて、都市農村交流活動をもとに未来へ向けてよりよい農村へと進むための車の両輪ということができる。

◉むすび

本稿では、まず過去の三つの大きな震災の被災地域ごとに観光入り込み客数の回復過程を比較して、農村や離島地域では、都市地域に比べて回復が長期化することを明らかにした。また、千葉県における農村ツーリズム活動主体への聞き取り調査から、今回の東日本大震災後の回復過程の状況を明らかにした。その結果、リピーターが多い活動主体ほど顧客の落ち込みが少なく回復過程も比較的容易であることが判明した。このことから、リスク・マネジメントの観点からも日常的な顧客マネジメントの重要性が指摘できる。

総じていえば、農村地域における観光活動の振興には、長期的な顧客との関係構築という観点で日頃から観光サービスの提供に努めること、そして震災後の回復過程においては、長期的な観光振興策が必要となることを指摘できる。

（追記）本研究の実施には、科学研究費補助金（No.20248024・No.24658191）を得ている。

スポーツツーリズムから震災復興を考える

―女川町を事例として―

小川　雅司

◉はじめに

宮城県牡鹿郡女川町は世界三大漁場の金華山沖を眼下に控え、牡鹿半島の付け根に位置する人口およそ八千人（東北地方太平洋沖地震以前は約一万人）の町である。同町は水産業の町として有名で、全国屈指のサンマの水揚げ量を誇り、養殖ギンザケの生産量は日本一であった。また、三基の発電設備を擁する女川原子力発電所が立地する町でもある。

他方、これは全国的にあまり知られていないが、女川町はスポーツ観光で成功した町でもある。後にその実数を紹介するが、当時、同町の人口に相当する人数がスポーツ大会や合宿等で町内に宿泊し、また、人口の九倍近くのスポーツ施設利用者が町外から訪れていた。したがって、今後もスポーツツーリズムが復興に寄与することに期待をしたいが、現時点において、全てのスポーツ施設を将来に亘って、以前のように利用することはできない。

そこで本稿では、このような現況であるにも関わらず、あえて女川町のスポーツツーリズムについて取りあげ、この視点から震災復興を考えたい。まずは震災以前の町内スポーツ施設の利用状況を確認する。次に、スポーツ施設のおよそ半分が震災復興計画で住宅地に転用されるため、土地利用計画について概説する。最後に、スポーツツーリズムから女川町の震災復興を長期的に考え、著者の強い思いを述べることにしたい。

◉女川町におけるスポーツツーリズム

二〇一〇年五月、観光庁長官の主催による「スポーツツーリズム推進連絡会議」が開催され、八月に文部科学省が「スポーツ立国戦略」を発表した。これ以降、わが国は「眠れる巨大産業」と期待されるスポーツツーリズムの振興に力点を置いている（工藤康宏「スポーツツーリズム」、原田宗彦編『スポーツ産業論（第五版）』杏林書院、二〇一一年、二八一頁）。

さて、前述したように、女川町は「スポーツツーリズムで成功した町」として知られている。その背景には、町の歳入のおよそ六割が女川原子力発電所によるもの（固定資産税と電源立地地域対策交付金）であるため、都市規模の割には財政が潤沢で、非常に立派な運動競技施設が整備されていることがある。図表1のように、総合体育館（昭和五八年一二月：使用開始、以下は同表記）、野球場（昭和六一年四月）、ゲートボール場（昭和六一年四月）、第一多目的運動場（昭和六二年四月）、庭球場（昭和六三年四月）、野外活動施設（平成元年四月）、陸上競技場（平成二年四月）、第二多目的運動場（平成一〇年一一月）から女川町総合運動場は構成される。なかでも特に、陸上競技場は日本陸上競技連盟が公認する第三種競技場で、

図表1　女川町総合運動場の配置図

出所：女川町『女川町総合運動場（パンフレット）』。

石巻エリアでは他にない施設であった。

次に、これらの施設の利用状況をみておこう。利用形態は、スポーツ大会の参加者や合宿利用者が多く、スポーツツーリズムの領域でいう「リゾート」に相当すると考えられる。利用者数を近年三年間の平均値から把握すると、スポーツ大会による利用のうち、町外の利用者はおよそ九万七千人、宿泊人数は八千五百人もあった。一方、合宿利用による宿泊者は三千八百人で、大会による宿泊者数と合わせると、およそ一万二千人で当時の女川町の人口を上回る（図表2）。

そして、これらのスポーツ関係者が町内で飲食や宿泊を行い、特産品である水産物を土産として購入することで、町内消費は喚起され、関連産業や地域経済の発展に寄与してきたのであろう。単純に

図表２　女川町総合運動場の利用者推移（昭和58年度～平成22年度）

区分	全体	大会				宿泊人数	合宿			宿泊人数合計
		町内		町外						
		件数	人数	件数	人数		件数	宿泊数	宿泊人数	
昭和58年度	6,853	5	740	2	1,600		－	－	0	0
昭和59年度	39,969	22	5,240	8	3,579		－	－	0	0
昭和60年度	30,517	21	4,718	5	1,401		－	－	0	0
昭和61年度	55,211	42	12,279	7	5,930		2	6	179	179
昭和62年度	64,631	41	13,155	24	15,062		4	8	496	496
昭和63年度	90,954	42	16,377	15	8,920		4	7	423	423
平成元年度	182,496	46	15,972	22	17,109		4	13	501	501
平成２年度	146,997	45	12,172	25	53,478		2	6	238	238
平成３年度	161,742	48	13,839	47	34,630		17	64	2,953	2,953
平成４年度	179,740	44	32,396	42	44,371		28	103	4,037	4,037
平成５年度	172,728	50	35,241	43	30,450	6,391	30	105	3,695	10,086
平成６年度	195,792	49	27,122	55	54,035	9,830	27	92	3,863	13,693
平成７年度	211,361	47	26,075	52	52,560	14,561	24	80	3,391	17,952
平成８年度	232,334	47	29,293	54	92,711	11,609	26	92	2,823	14,432
平成９年度	210,989	50	30,290	46	63,437	3,579	33	103	2,748	6,327
平成10年度	242,366	46	27,050	52	93,892	10,217	39	113	2,720	12,937
平成11年度	268,270	42	25,697	56	105,614	12,332	31	61	2,733	15,065
平成12年度	226,587	44	21,183	50	95,423	8,927	43	108	4,329	13,256
平成13年度	210,760	39	17,472	60	86,482	9,532	28	61	2,833	12,365
平成14年度	217,745	41	27,533	63	71,115	5,189	30	77	6,363	11,552
平成15年度	211,542	38	20,269	63	69,542	4,949	44	96	6,229	11,178
平成16年度	211,042	38	20,879	59	77,580	13,402	45	88	7,239	20,641
平成17年度	207,505	40	17,028	69	73,990	10,323	40	83	6,575	16,898
平成18年度	233,346	34	22,613	72	96,040	19,655	33	76	3,944	23,599
平成19年度	222,113	36	22,697	64	87,771	13,315	39	70	4,914	18,229
平成20年度	237,708	44	20,186	65	106,387	12,964	39	71	4,634	17,598
平成21年度	221,758	40	19,021	67	90,107	6,425	30	57	3,882	10,307
平成22年度	219,494	42	17,844	66	95,919	6,259	25	51	2,890	9,149

出所：女川町『総合体育館・総合運動場利用者数大会合宿調』。

図表3　町中心部の復興整備計画

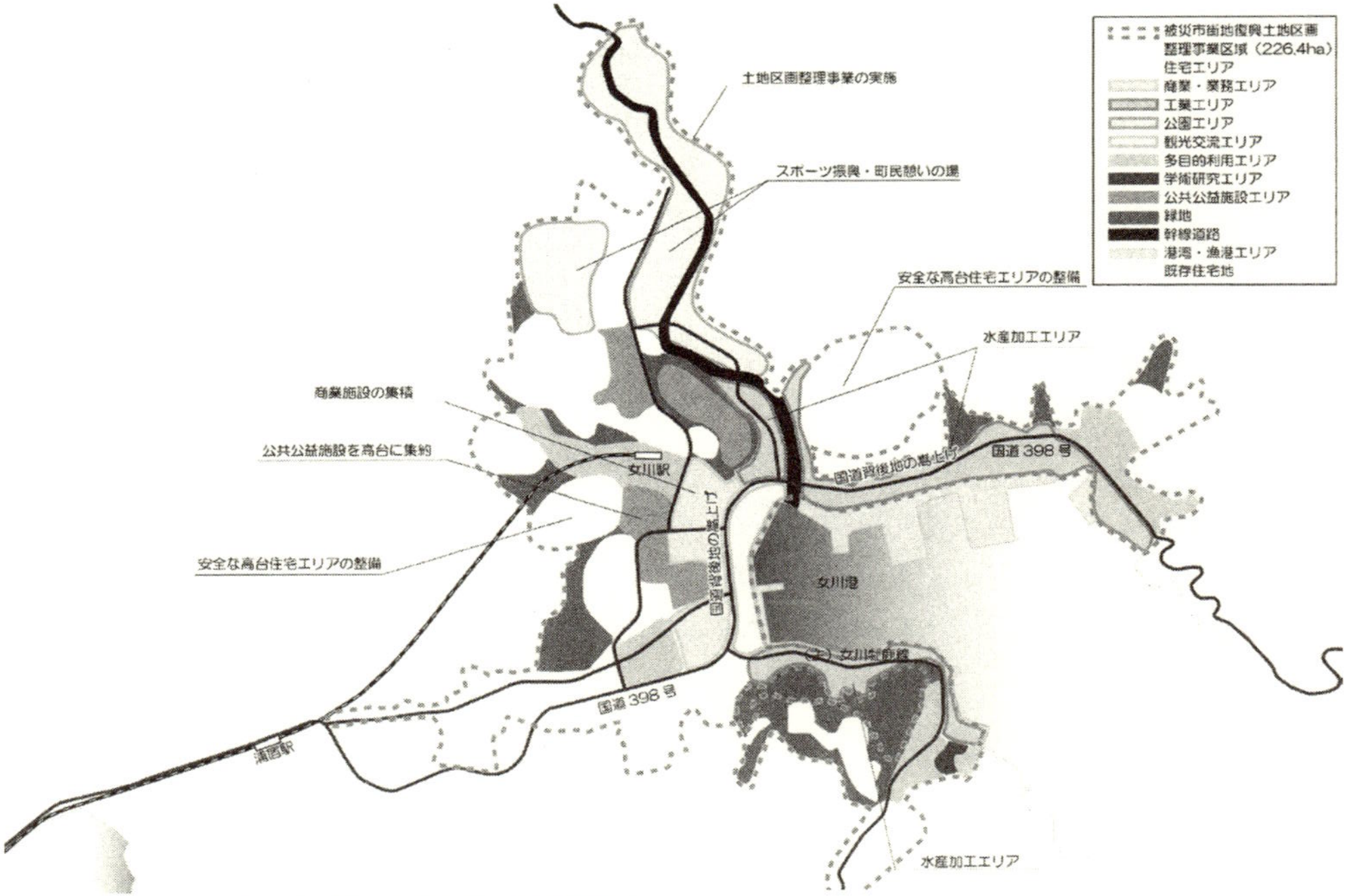

出所：女川町・宮城県『震災復興計画（第三回変更）』。

宿泊者一人当たり消費額を八千円とすると、宿泊者だけでも大きな金額になる。事実、スポーツ振興に対して、教育関係者よりも観光関連団体等からの要望が大きい（かった）と言われている。したがって、スポーツツーリズムは女川町にとって非常に重要な位置づけであり、今後も推進していくべきであろう。

しかしながら、陸上競技場は見た目では分からないが、震災で大きな被害を受け、補修には多額の費用が必要なため、除却が進んでいる。平成二四年五月二七日、地元のサッカーチームであるコバルトーレ女川と仙台中田クラブの試合を最後に、陸上競技場は幕を閉じた。今後、ＵＲ都市機構が二百戸の災害公営住宅を建設し、町に譲渡することになっている。また、野球場には全国で初めての三階建て仮設住宅が一八九戸、第一多目的運動場には一五四戸の災害公営住宅が建設されており、スポーツ施設としての機能は失われている。ただし、第二多目的運動場はサッカーやさんま祭りなどの行事・イベントに活用され、総合体育館は住民説明会などに利用されている。

◉震災復興計画における土地利用

平成二四年一一月二七日に公表された「震災復興計画（第三回変更）」によれば、総合運動場は高台にあり、住宅移転地として最適なため、施設のおよそ半分が住宅地に転用されることが決まっている。図表3を参考にすると、野球場と第二多目的運動場、総合体育館が公園エリア（スポーツ振興・町民憩いの場）に指定されているが、残りの部分は住宅エリアに転用されることになっている。なお、平成二三年九月当初の震災復興計画では、総合運動場の全てが住宅エリアになる提案がなされていたが、地域住民などの要望により、前述の一部が公園エリアとして残ることになった。地域が今なお、スポーツ振興によるまちづくり、すなわち、スポーツツーリズムに期待していると言ってよいであろう。

一方、中心市街地の部分は低地で住宅地として適さないため、多目的利用エリアもしくは公共公益施設エリアとして整備することが示されている。野球場と第二多目的運動場、総合体育館は引き続き、スポーツ施設としての機能を持続するが、かつてのように、多くのビジターを集客し、地域経済を潤すためには、このような低地に陸上競技場を再建することも検討すべきではないだろうか。

●おわりに

生活の基本である居住環境を整え満たすことが復興の第一であることには間違いはないが、長期的に考えると、女川町が再び、スポーツツーリズムの町として復活してこそ、真の復興を遂げたといえるのではないだろうか。経済学者の池上惇は真の復興を「人間復興」と捉え、大震災前の日常生活を取り戻し、人と人、人と土地とのつながりや愛着を再建し、被災者の「生活の質」の向上を図ることが人間復興であると述べている（池上惇『文化と固有価値のまちづくり：人間復興と地域再生のために』水曜社、二〇一二年、三二頁）。

ここで改めて、スポーツツーリズムによる女川町の震災復興を強く提案したい。短期的には、第二多目的運動場と総合体育館で地域住民を主たる対象としたスポーツイベントやレクリエーションプログラムを提供し、中期的には、仮設住宅が役目を終えた際に野球場としての機能を復活させ、そして、長期的には、陸上競技場を多目的利用エリアもしくは公共公益施設エリアに再建する。このように、今後の長い復興において、スポーツツーリズムを大きな柱の一本に位置づけるべきであろう。

謝辞

本稿を執筆にあたり、石塚昌志氏（復興庁宮城復興局）と久坂斗了氏（前UR都市機構宮城・福島震災復興支援局）、佐藤誠一氏（女川町教育委員会生涯学習課）から貴重な助言を頂きました。また、女川町教育委員会生涯学習課から資料の提供を受けました。ここに記して感謝を申し上げます。なお、本稿に関する誤りなどはすべて著者の責に帰します。

クルーズ客船で被災地観光に出かけて民俗芸能を鑑賞しよう

橋本　裕之

◉民俗芸能支援の三段階

　東日本大震災が発生して以降、私は岩手県文化財保護審議会委員や岩手県文化芸術振興審議会委員を務めていることもあって、岩手県沿岸部の民俗芸能を支援する各種の活動に従事してきた。それは岩手県沿岸部における民俗芸能が地域社会を再生させる際に欠かせない要素の一つであり、そこで生きる人々にとって気高いものとして存在している消息に気づかされたことに由来している。こうした活動は現在も進行中であるが、その課題を要約しておけば、第一段階は用具を購入する資金を助成すること、第二段階は用具を保管したり練習したりする仮設の空間を確保すること、そして第三段階はメンバーが地元で働ける雇用環境を整備することである。

　現在もこうした諸段階は重層的に同時進行している。とりわけ「現在は民俗芸能支援の第三段階として、民俗芸能団体のメンバーが地元で働ける雇用環境を整備することが求められている。そうでなければ、誰も住まない場所に新しい物品と新しい倉庫だけが残されるという悪夢が現実化してしまいかねない。これはもはや民俗芸能支援の範囲を逸脱しているが、民俗芸能団体を支援することは不可避的にかくも長期的な難問を呼び起こすのである。」（橋本裕之「細く長く続けたい―民俗芸能支援の現在進行形―」『日本ナショナルトラスト報』No.490、二〇一二年、四頁）ということを強調しておきたい。これはもはや文化財保護という視座だけで解決することができる問題でもないだろう。

私自身は「やはり生活していけるような、稼げるような環境がないかぎり、そこに踏みとどまりなさいということは、何人たりともいうことができません。つまり私たちは伝統芸能を担っていく方々の雇用とか産業とか経済とか、そういうところまで考えていかなければ、こういうものって守っていけないということです。」（橋本裕之「岩手の伝統芸能と復興への取り組み」『東日本大震災、文化芸術の復興・再生の取り組み―被災と支援の実態調査と事例からこれからを考える―』、文化芸術による復興推進コンソーシアム設立準備事務局、二〇一二年、一八五頁）と考えている。そして、いくつかのプロジェクトを同時並行的に推進しているのだが、被災地観光のメニューに民俗芸能鑑賞を含めることもその一つである。

◉移動式博覧会の可能性

私は二〇一二年九月一一～一二日にせんだいメディアテークで開催されたイベントサロン二〇一二（イベント学会第一五回研究大会）において、民俗芸能鑑賞を含めた被災地観光の可能性を模索するための、極めて重要な手がかりを得ることができた。イベント学会の会長である堺屋太一さんが基調講演「都市の復興とイベント」において、移動式のイベントを提案している。

「四〇フィート級の電気トラックを一〇〇台くらい連ねて、それぞれをパビリオンにする。そして、東北地方を中心に一〇カ所くらい巡回する。電気トラックは六〇〇〇〜七〇〇〇万くらいかかります。装飾や設備を加えて約一億円。これを各地でオリンピックと同じ期間の一五日間開催する。例えば仙台、福島、盛岡など東北六県で九カ所と最後は東京。運営費は相当かかります。会場は一〇〇台のクルマが止まるところです。会場の整備、警備、運送、その他は地元で入場料収入でやっていただく。パビリオンとなる電気トラックは、内外企業に出展していただく。夜間の余剰電力で充電して、昼間の電力を使う必要ありません。それでイベントをやる。各会場平均して二〇〇万人くらい入ってくれたら、一〇カ所で二〇〇〇万人の入場者数になりますね」（堺屋太一「基調講演「都市の復興とイベント」『イベントロジー』No.28、イベント学会事務局、二〇一二年、五頁）。

そして、「これを、震災から五年経った二〇一六年くらいに、世界で初めての移動式博覧会として開催してはいかがでしょう。」（同上、五頁）というのである。もしかしたら堺屋さんの提案は非現実的だと思われてしまうかもしれない。だが、私はこの後に設定されていたシンポジウム「イベントで元気を呼ぶ、人を呼ぶ、ビジネスを呼ぶ」において、堺屋さんが提案した移動式博覧会の発想にも触発されて、「神楽で元気を呼ぶ、人を呼ぶ、ビジネスを呼ぶ―鵜鳥神楽の未来形―」という発表を担当している。

実際は岩手県の普代村に鎮座する鵜鳥神社の権現様を奉じる鵜鳥神楽をとりあげた上で、鵜鳥神楽が岩手県沿岸部の広域を巡行する廻り神楽の形態を今日でも維持していることを強調した。すなわち、鵜鳥神楽は巡行する先々で人々を呼び集めるイベントとして待ち望まれているという意味において、個々の地域社会に深く埋め込まれていたわけである。しかも、鵜鳥神楽は岩手県沿岸部を巨大な地域社会としてつなぎあわせる太い糸であり、岩手県沿岸部に希望をもたらす強い光であった。そうだとしたら、移動式博覧会の発想はそもそも岩手県沿岸部に備わっているともいえそうである。

◉被災地観光における民俗芸能鑑賞

被災地観光は地元に経済的な効果をもたらすのみならず、雇用環境を創出することも期待されている。だが、被災地観光のメニューに民俗芸能を含めることを考えた場合、いくつかの課題が浮かびあがってきた。最大の課題は多数の観光客が宿泊する施設が不足していることだった。また、多数の観光客が民俗芸能を鑑賞する施設も不足していた。もちろんこうした問題は時間が経過していけば、次第に改善されるだろうと思われる。といっても、あらためて民俗芸能鑑賞を成立させる場が脅かされていることを実感したのである。

私はイベント学会の二日目、イベント学会の実行委員であった博報堂の國田圭作さんに話しかけられた。私たちは岩手県沿岸部における廻り神楽の伝統に依拠しながらも、堺屋さんが提唱した移動式博覧会の発想を発展させて、被災地観光における民俗芸能鑑賞の可能性を模索することができないかについて意見を交換した。移動式博覧会を実現する方法について立ち話を続けていたのだが、電気トラックもいいがクルーズ客船が威力を発揮するかもしれないという話題に行きついた。クルーズ客船は客室のみならず劇場も備えているから、被災地におけるホテルやホールの不足を補うことができるはずである。また、鵜鳥神社が海の神様として岩手県沿岸部の漁業者の厚い信仰を集めてきたことを考えても、岩手県沿岸部は陸路よりも海路によってこそつながれているともいえるだろう。

東北観光復興がライフテーマであるという國田さんはイベント学会の会員として、「クルーズ客船で被災地観光に出かけて民俗芸能を鑑賞しよう」というアイデアを実現するべく尽力してくださった。そして、幸いにも「日本クルーズ客船㈱という船会社が、自社のぱしふぃっくびいなすというクルーズ船の自主ツアーで二〇一三年九月四日神戸発～横浜～大船渡～釧路（大漁どんぱく花火見物）～八戸～石巻～横浜（九月一一日）という予定でツアー造成中とのことです。」という話だったので、期間中に岩手県沿岸部の民俗芸能を船上に持ち込み、乗船客にエンターテインメント・コンテンツとして提供することができるかもしれないと考えた。

かくして二〇一一年一一月五日、私たちは日本クルーズ客船営業部企画課の主任として「ぱしふぃっくびいなす」を担当する橋口紀子さんに面会するべく、大阪の本社を訪問したのである。橋口さんも被災地観光に民俗芸能鑑賞を含めることに強い関心を持ってくださったので、会合自体は極めて順調に進んだ。だが、前述した鵜鳥神楽は残念ながら、スケジュールがあわなくて断念せざるを得なかった。民俗芸能団体の旅程は大船渡で乗船して八戸で下船するというものであったため、大船渡市内に伝わる鹿踊りも考えた。だが、船という限られた空間であるため、大人数を要する鹿踊りも断念せざるを得なかった。そして、最終的に釜石市鵜住居町に伝承されている鵜住居虎舞に依頼したところ、幸いにも快諾してくださったのである。

◉クルーズ客船に乗る鵜住居虎舞

釜石市鵜住居町は「釜石の奇跡」によって知られる釜石東中学校と鵜住居小学校、そして数多くの避難者が亡くなった鵜住居地区防災センターが立地しており、東日本大震災を象徴する場所の一つであるといえるだろう。そして、鵜住居虎舞も東日本大震災によって甚大な被害を受けている。私自身は東日本大震災以降、様々な活動を通して鵜住居虎舞を支援してきた。

一方、虎舞は岩手県沿岸部を代表する民俗芸能である。虎を象った頭を被り、虎の柄を描いた幕の中に入って、囃子にあわせて舞う。「虎は千里行って千里帰る」ということわざによっても語られる虎の習性にちなみ、漁業者の航海安全を祈願するものである。釜石市内に伝わる虎舞の一般的な演目は遊び虎、跳ね虎、笹喰みなどであり、各種の手踊りを出せる団体も存在している。とりわけ鵜住居虎舞は手踊りの演目が数多いこと、そもそも神楽の演目であった「狐釣」を伝承していることによってよく知られている。

ところで、虎舞は一般に二頭で演じられるため、囃子も含めて総勢一五名程度が必要である。だが、鵜住居舞は雌虎とも呼ばれており、優雅な舞によって知られているため、一頭でも大丈夫だといってくださった。また、鵜住居虎舞が民族歌舞団荒馬座とも長年にわたって交流しており、外部公演に慣れていたことは幸いだった。東日本大震災以降は二〇一二年六月二三日に国立劇場で開催された「東日本大震災復興支援　東北の芸能Ⅰ岩手―伝承の技、つながる心―」にも出演している。

二〇一三年九月四日～一一日に就航する「釧路大漁どんぱく花火と三陸復興国立公園クルーズ」は、「二〇一三年新たに指定される三陸復興国立公園地域を海から訪ね、陸上観光や洋上からリアス式海岸をはじめとする自然景観や豊かな文化をお楽しみいただけます。」というもの。鵜住居虎舞は大船渡を出港する九月六日の夜にメインショーとして予定されている。くわしい内容はまだ相談していないが、虎舞の体験交流や記念撮影なども欠かせないだろう。また、私は大船渡に入港する以前の適当な時間を利用して、「東北沿岸の芸能・文化」もしくは「三陸沿岸に繋がる文化・芸能」に関して講演する。

國田さんは橋口さんに送ったメールにおいて、「ただ陸の豪華な旅（カシオペア的な）を海に置き換えるのではなく海外のマリンリゾートを回る海外型のクルーズとも一線を画して日本ならではの固有の風土、文化をもう一度、海から追体験していく、そんな新しい「旅」のかたちが、御社のクルーズの取組みから生まれていく、そんな予感がします。」と書いている。もちろん今回はその第一歩を踏み出したという段階にすぎない。だが、「クルーズ客船で被災地観光に出かけて民俗芸能を鑑賞しよう」というアイデアは、将来的に東北観光復興や民俗芸能支援を意図したCSR（企業の社会的責任）としても期待することができるかもしれない。

岩手県沿岸部の民俗芸能は東日本大震災以降、盛岡のみならず東京や大阪ひいては国外にも招聘される場合が増えている。「がんばろう！東北」というわけだろうが、公演する場所が遠方だったりしたら、仕事を休まなければならない場合も少なくない。にもかかわらず、休暇を取った分を補填する臨時収入は必ずしも保証されていないのである。そうだとしたら、「がんばろう！東北」といいながら、被災地における生活を脅かしてしまっていると考えられなくもない。

長期的に考えていけば、やはり地元で公演することができるような場を確保することが重要であろう。「雇用とか産業とか経済とか」に直結しないとしても、通常の勤務が終わった後に副収入を多少なりとも確保することができないだろうかと考えている。それはあまりにもささやかな試みでしかないだろうが、鵜住居虎舞をクルーズ客船に乗せる今回のプロジェクトが、被災地における民俗芸能団体のメンバーも地元で働ける雇用環境を整備する活動につながってほしいと願っている。その第一歩こそが「クルーズ客船で被災地観光に出かけて民俗芸能を鑑賞しよう」というアイデアであった。

5

絆を求めて

「つながり」による観光地域づくり

高橋　光幸

◉はじめに

観光地域づくりにおいて人々が「つながる」ことの重要性については、これまでに指摘されてきたとおりである。例えば、観光立国推進基本法では、施策の基本理念として「国、地方公共団体、住民、事業者等による相互の連携が確保されるよう配慮されなければならない」としている。しかし、地域の実際の取組みをみると、「つながり」による観光地域づくりが進展しているとは言い難い状況がみられる。

一方、東日本大震災後、日本社会の中に困っている人や苦しんでいる人を助けたい、協力したいという人々の「思い」が強まっており、このような人々の「思い」が具体的な「つながり」に展開し、被災地の復旧・復興の取組みや東北地方の観光復興を支えている。

このような状況を踏まえ、本稿では人々の「つながり」を中心に据えた観光地域づくりのあり方を考察することを目的とする。はじめに東北地方における被災地復旧・復興の取組みや観光復興の取組みの中から「つながり」形成のための留意点を考察した後、それを踏まえつつ「つながり」による観光地域づくりのあり方と「つながり」形成のための仕組みづくりについて考察してみたい。

なお、本稿では「観光地域」という言葉を、「複数の観光地が集まって、観光的まとまりがある一定の地域」と捉える。

◉被災地復旧・復興および観光復興の取組みと「つながり」

ここでは二つのことを考えてみたい。一つは、「つながり」の多様性についてである。東日本大震災後、被災地をはじめ東北地方に対して個人、NPO、企業、地方自治体などの様々な主体により、自発的で多様な支援活動が行われている。

例えば、「自粛よりも観光を！」という呼びかけである。新潟県の「自粛しない宣言」（二〇一一年四月）や青森デスティネーションキャンペーン（二〇一一年四月〜七月）の「がんばろう日本！がんばろう東北！、自粛より観光を！」などがあげられる。これらの動きに共通するのは、自粛よりも普通に観光旅行をする方が被災地の支援になるという考え方である。人々の意識が徐々に変わりつつあることを示している。

旅行会社や被災地関係者、地方自治体によるボランティアツアーも活発に行われている。沿岸部でのボランティア活動と内陸部での観光をセットとしており、様々な人々が自発的に参加して被災地の支援を行っている。東京都では、都内の旅行事業者が企画する「被災地応援ツアー」に申込みをした旅行者に対し、旅行代金の割引を行って被災地の支援を行っている。

被災地の人材育成事業の支援なども行われている。岩手県大槌町では、東京都との共同事業として

「ひょっこりひょうたん塾」が開講されている。これは町民主体による住みよいまちづくりを進めるため、文化芸術を活用したソフト面の復興を考え実践していくための人材育成事業であり、地域資源発見ツアーや大槌ブランドを考える交流ワークショップなどが行われている。

以上の動向からいえることは、被災地や東北地方に対する支援活動、すなわち「つながり」が活動主体や活動内容の面で多様であることである。「つながり」を考えるうえで、支援活動が参加主体の状況に応じた柔軟で多面的なものになっていることに留意することが大切である。

二つ目は、地域住民や個人客の信頼を得る観光事業を行うことの重要性である。青森県・北海道で活躍する観光専門家は、苦境に追い込まれた事業者と困難に向き合って乗り越え一層進化を続けている事業者の明暗は、「以前から地元を大切にし、地元に愛されていたかの差が、震災で鮮明になった」（佐藤大介、朝日新聞朝刊、二〇一二年五月九日、青森全県面）と述べている。風評によって団体客が観光旅行を取りやめる中で、地元客や個人観光客の信頼を得ていた観光事業者は困難から立ち上がるのが早かったことを指摘している。

また、日本銀行青森支店は、二〇一一年の青森県内の四大祭りの動向について、団体客への依存度の高かった青森ねぶた祭りは前年比九・一％の減少となったが、個人客が多かった弘前ねぷたまつりと五所川原立佞武多はほぼ前年並みになったとしている（朝日新聞朝刊、二〇一一年九月一〇日、青森全県面）。

このように、震災前から地元客や個人観光客とのつながりができていた観光事業者や、震災後に個人客が訪れた観光地では、震災による影響が比較的少なく、困難を乗り越えることができたのである。

◉「つながり」による観光地域づくり

(二) 観光地域づくりの方向

前述したことを踏まえ、震災後の観光の振興を願い、「つながり」の形成と活用による観光地域づくりのあり方について述べたい。第一に、人々が共感し「つながり」が形成される志の高い観光地域づくりである。平成の合併によって地方自治体の行政区域は大幅に広がったが、行政の予算と職員数は減少した。その結果、行政機能の再編成とスリム化が進み、行政と住民との距離が遠くなった。このような中で、住民・民間の自立および行政と住民・民間との協働の観光地域づくりが重要な課題となったが、地域社会の変化にもかかわらず、依然として行政へ依存する傾向がみられる。行政という他者へ依存する地域の人々の姿勢は観光地域づくりにあらわれ、心ある観光客は人任せ・依存・自立性欠如の志のない観光地域づくりに失望している。

一方、厳しい状況の中で、「行政に期待してはだめだ。自分たちでやるしかない。外部の支援を得てやるしかない」と自発的に立ち上がり、志を高く掲げ、創意工夫を凝らした新しい取組みを始めている地域に対して人々は様々な支援を行っている。地域は高い志を掲げることにより、人々との「つながり」が形成され、様々な支援を得ることができるのである。

第二に、「つながり」を活用した魅力ある観光地域づくりである。成長社会から成熟社会に入り、観光客は他の地域にはないその地域独自の魅力を求めるようになっている。しかし、多くの観光地域は独自の魅力を作り出すことができず、結局は価格競争に巻き込まれ、利益確保のために品質を落とし、観光客の信頼を失うという悪循環に陥っている。

地域の魅力を作るためには、地域の個性を磨くことが大切である。個性とは「個人に具わり、他の人とはちがう、その個人にしかない性格・性質」（広辞苑）であることから、地域の人々の参加によってその地域にしかない歴史・自然・文化的資源を発見し、育て、磨くことにより魅力的な観光地域づくりが進むのである。

地域独自の資源を発見し磨くためには、地域の人々が地域のことを知ること、そして地域を多様な視点から見ることが必要である。それは地域学習や地域見学の実施とともに、外部の様々な人々との「つながり」を活用した地域資源の外部評価によって可能となる。

第三に、地域の人々がつながった地域全体の豊かさをめざす観光地域づくりである。観光客の中心が団体客から個人客へシフトし、時間を楽しむ体験型・滞在型の観光に変わった現在、観光地域が発展するためには、個々の事業者だけの取組みでは限界があり、地域の人々がつながり、多くの人々の参加と協力による地域全体の魅力づくりが必要である。それは、特定の事業者の利益の追求ではなく、観光地域づくりに参加する事業者全体が利益を享受できるものでなければならない。そのためには、地域全体で観光事業を管理・運営し、観光事業に参加する人々が利益を得ることのできる地域システムの構築が必要である。

第四に、他の地域とつながる観光地域づくりである。平成の合併によって新たに誕生した地方自治体の観光地域づくりには、日常生活の範囲や旧町村の範囲で自己完結的に地域づくりを考える傾向がみられる。しかし、狭い地域主義から脱却し、それぞれの地域の個性的な資源に磨きをかけ、地域にないものは他の地域で補完するという発想に立ち、周辺の地域と連携して広域観光圏を形成することで、新たな観光客を獲得し、地域の再生を図ることができる。このような広域観光圏形成のための第一歩は、地域の現状に危機感を持ち、他の地域に目を向ける、関心を持つ、そしてつながるということである。

第五に、「つながり」を活用した「学ぶ」観光地域づくりである。観光地域づくりが経験主義やアイディア主義によって行われている地域が散見される。そこではイベント中心の一過性の取組みとなり、地域の人々が参加して時間をかけながら地域資源を磨き人材を育てていくという持続可能な取組みになっていない。

成熟社会へ移行し、人々の考え方や観光客のニーズが大きく変わっている現在、小手先の地域づくりではなく、正攻法の地域づくりが求められる。それは、経済社会および地域を取り巻く状況を客観的に分析し、地域がターゲットとする市場を明確にし、その市場の支持を得るために地域資源を磨き、価値を高めるという観光地域経営の方向である。そのためには、「つながり」を活用し、観光地域経営に関するノウハウや知識を学ぶことが大切である。

(二) 人々がつながる仕組みづくり

これまでに述べてきた人々の「つながり」をつくり、それを活用した観光地域づくりを持続的に進めるためにはどのような仕組みが必要であろうか。

岩手県大槌町の大槌北小学校校庭「福幸商店街」の一角に「きらり駅―休憩処―」がある。ボランティア組織「ＮＰＯ遠野まごころネット」の拠点で、スタッフが常駐しており、地元の人やボランティア、大槌町を訪れた観光客・見学者など様々な人々が休み、会話をし、交流をしている。また地域のイベントやボランティア募集などの情報も得ている。ここは、様々な人々がつながりをつくる重要な場となっている。

また、地元有志、支援者、専門家などがメンバーの「一般社団法人おらが大槌夢広場」が運営する「おらが大槌復興食堂」は、人々が気軽に集まれる休憩所として、また、語り合い・会議の場として使われており、人々のつながりをつくる重要な役割を果たしている。食堂の隣には情報館が設置され、被災した当時の大槌町の写真や行政の復興に向けた取組みを知らせる情報紙などを見ることができる。

このように、人々の「つながり」をつくるためには、様々な人々が交流できるたまり場が必要である。それは、地域の人々が集まりやすく、外部の人が見つけやすい場所に設置することが大切である。交流場・たまり場には、人々が自由に集い、語り、休むことのできるスペースが必要であり、飲食機能・小売り機能が併設された場合、交流機能はさらに強化されることになる。交流場・たまり場には、観光地域づくりに関する情報や支援を希望する情報などをわかりやすく掲示することが必要である。

そして最も重要なことは、人々の相談に対応しながら交流場・たまり場を動かすスタッフと、人・情報を結びつける「リーダー」の存在である。地域の人々から信頼される人や人々を引き付ける人であれば、どこの出身かは重要ではない。リーダーは、人と人の関わりの中で生まれる情報の意味と重要性を観光地域づくりという大きな文脈の中で捉え、重要度の高い情報を適切な個人や組織・分野と連結し、新たな情報の創造を進めるという重要な役割を担う。このような役割を果たすため、リーダーには新たに生まれた情報を活かして地域づくりの方向性を示す構想力、情報・資源を組み合わせて新しい価値を創造できる能力、地域づくりを効果的かつ着実に進める組織運営の能力、地域内外の異質性・多様性のある人々の情報を活用していく柔軟な対応力などが求められる。このようなリーダーの存在は、「つながり」を活かした観光地域づくりを進めるうえで不可欠である。

◉おわりに

被災地・東北地方の観光の復興、全国の観光地域づくりの発展のためには、地域が様々な人々との「つながり」をつくり、知識や技術・ノウハウを活用していくことが求められる。そのためには、地域が自発的に立ち上がり、自らの意思・志を発信していくことが必要である。わが国は、困難を乗り越えるために立ち上がった人々や地域を支えようという社会に大きく転換している。求める人と支える人との「つながり」の構築が観光地域づくりの重要な課題となっている。

グランドデザインを描く

―ヒロシマからの提言―

飯塚　真奈美

●はじめに――観光の原点に立ち戻る

世界には、実にさまざまな観光スポットがある。ここでは、観光の原点に立ち戻り、広島の原爆ドーム、ポーランドのアウシュヴィッツ強制収容所、イタリアのポンペイ遺跡、マーシャル諸島共和国のビキニ環礁核実験場、ウクライナのチェルノブイリを例に取り、観光のあり方を検証し、被災地観光再生の提言としたい。

●負の遺産――ヒロシマのグランドデザイン

二〇一一年六月、日本の世界遺産は、小笠原諸島（東京都）と平泉（岩手県）が新たに加わり、一六件になった。その中で、広島の平和記念碑（原爆ドーム）だけは「負の遺産」と呼ばれる。「負の遺産」は、アウシュヴィッツ強制収容所（ポーランド）をはじめ、アパルトヘイト象徴のロベン島（南アフリカ共和国)、奴隷貿易象徴のゴレ島(セネガル)、隷属象徴のポトシ銀山(ボリビア)などがある。いずれも、「顕著な普遍的な意義を有する出来事」(文化遺産登録基準ⅵ)であり、重要な歴史の証人である。

広島平和記念碑(原爆ドーム)が世界遺産に登録されたのは、一九九六年。原爆ドームの建物があるコア・ゾーンと、慰霊碑、約五〇基のモニュメント、平和記念資料館などがある平和記念公園のバッファー・ゾーン(緩衝地帯)からなる。今日、広島の一大観光スポットである。原爆ドームが厳島神社と並ぶ一大観光スポットとなった要因は、三つある。

第一に、存廃論議に時間をかけ、市民の力を結集したことだ。

一九四五年八月六日、原子爆弾の投下によって全焼した広島県物産陳列館(原爆ドーム)の保存については、当初から賛否両論あった。一九四九年一〇月の広島市による世論調査によると、「保存を望む」が六二%、「取り払いたい」が三五%、「意見なし」が二・六%だった。「取り払いたい」理由の六〇・九%は「惨事を思い出したくない」という切実なものであった(『ユネスコ世界遺産原爆ドーム~21世紀への証人~』中国新聞社、一九九七年、三九頁)。

一九五〇年六月二三日の中国新聞社説は、広島を視察したアメリカの経済人が瀬戸内海と厳島とともに原爆ドームを観光対象物として挙げたことを紹介しているが、翌年、修理費用がないという財政上の理由や市民感情への配慮などから、被爆者でもある浜井信三広島市長、大原博夫広島県知事、森戸辰男広島大学長はともに、保存の必要はないと述べている(『ユネスコ世界遺産原爆ドーム~21世紀への証人~』中国新聞社、一九九七年、四〇頁)。

全国で保存のための募金運動が始まったのは、一九六六年だった。修学旅行の小中学生や観光客が原爆ドームを訪れ、広島県観光連盟は保存の要望を出した。募金は、六八〇〇万円集まった。目標額を超えていた。保存工事が進むと、原爆ドームを訪れる人はさらに増えた。一九八九年の二度目の保存工事には、三億七〇八五万円の募金が集まった。募金を行うことで、市民の当事者意識もより強まった。世界遺産登録の署名は、一六五万人分が集まり、一九九六年、原爆ドームはユネスコの世界遺産への登録が決まった。「負の遺産」としては、アウシュヴィッツ強制収容所に次いで二番目だった。

とはいえ、辛い記憶が消えることはない。原爆ドームの世界遺産登録を前に、中国新聞社に寄せられた手記のいくつかには、次のような思いも綴られている（『ユネスコ世界遺産原爆ドーム～21世紀への証人～』中国新聞社、一九九七年、八一・九八・九九・一一二頁）。

「私はあの姿を見るたびにやり場のない怒りと、悔恨の思いが胸に込み上げてくるのである」（広島市六八歳男性）。「父親が被爆者。高校を卒業し、観光バスのガイドになった私は、広島の〝観光案内〟を仕事にした。でも、平和公園に行くたび、ドームを見上げるたびに、自責の念にかられるのだった」（広島市二九歳女性）。「しかし、私にとってドームは悲しい思い出の場所、見たくないのが心情です。今でも八月六日以外は行きません」（被爆者女性）。

それでもなお、原爆ドームを保存するのはなぜか。平岡敬広島市長の世界遺産登録の記者会見の言葉に、その答えがある。「人間の過ち、歴史の光と影を見ようとするのは人類の進歩」なのである（『ユネスコ世界遺産原爆ドーム～21世紀への証人～』中国新聞社、一九九七年、六五頁）。これこそ、観光の原点である。

第二の要因は、原爆ドームが建築物として高い評価を受けたものであったことだ。

一九一五年、広島県物産陳列館としてこの建物を設計したのは、チェコ人の建築家ヤン・レッツル。その二年前、外国人向けの松島パークホテル（宮城県）を設計したレッツルであった。当時の寺田祐之宮城県知事が広島県知事になり、設計を直接依頼したのだった。

広島県物産陳列館は、楕円形のドームと湾曲した壁面、幾何学的な装飾の柱頭や窓枠が特徴のウィーンの建築デザインを受け継ぐものであった。「見事な建築美を誇っていた」と建築意匠学者の杉本俊多も述べている（『ユネスコ世界遺産原爆ドーム～21世紀への証人～』中国新聞社、一九九七年、一一九頁）。廃墟となった今も、その片鱗がうかがわれる。

第三の要因は、いうまでもなく、丹下健三の広島平和記念公園の圧倒的なデザイン力だ。

原爆ドームの存廃論議が起こっていた最中、丹下健三は、原爆ドームからのびる南北の祈りの軸線の構想を描いていた。「単なる慰霊施設では意味がない、平和を祈念し、平和を創造する場を建設すべき」と考えたからだ（『CasaBRUTUS特別編集丹下健三DNA』マガジンハウス、二〇〇九年、五四頁）。

南端で東西に走る百メートル道路と直交させた南北の軸線に、原爆ドーム、平和の灯、慰霊碑、平和広場、平和記念資料館を並べた。「瀬戸内海の海岸線と中国山地の山並みが形作る東西の軸と、海に向かって流れる川の南北の軸しかない」焦土と化した広島の景観と一貫性を持たせた（『CasaBRUTUS特別編集丹下健三DNA』マガジンハウス、二〇〇九年、五五頁）。

ピロティ建築（一階部分が柱だけで、壁のない空間）の資料館は、ゲートの役割も担わせた。そこから原爆ドームまで見渡すこともできる。シェルターのような慰霊碑は、建築家の大谷幸夫によると、「あの時は何もできなかったけれど、今はせめて覆いをかけてあげたい」という「生き残った人たちの心情を表現した」ものであった（『CasaBRUTUS特別編集丹下健三DNA』マガジンハウス、二〇〇九年、五六頁）。

さらに、空間は訪れる人のコミュニケーションの場であると同時に、空間そのものが人の心に訴えるメッセージを発信すべきであるとも丹下は考えていた。広島平和記念公園が未来へ向かって力強いメッセージを発信し続けている所以だ。一九五五年に開館した広島平和記念資料館の総入場者数は、二〇一〇年、六〇〇〇万人を超えた。二〇〇二年には、外国人の年間入場者数が十万人を超えた。広島平和記念公園を訪れる人の数はその何十倍にものぼる。

旧制高校時代を広島で過ごし、危篤の父親に会いに東京から今治へ戻る途中、原爆投下のニュースを聞き、同日の空襲で母親も失った丹下が「このプロジェクトにかける意気込みは察するにあまりある」と丹下憲孝も述べているが（丹下憲孝『七二時間、集中しなさい。――父・丹下健三から教わったこと』講談社、二〇一一年、三頁）、原爆ドームは、丹下健三の圧倒的なデザイン力によって、新しい生命が吹き込まれたのだ。

◉負の遺産――アウシュヴィッツからチェルノブイリまで

次に、海外の「負の遺産」とそれに類する観光スポットのあり方を概観したい。

ポーランドの「アウシュヴィッツ・ビルケナウのナチス・ドイツ強制・絶滅収容所」は、ユダヤ人虐殺の象徴である。強制収容所には、絞首台、死体焼却場、死者の壁などが残っている。一九四七年七月、ポーランド議会は早々と保存の決定を下した。犠牲者を悼む巨大な国際慰霊碑がビルケナウに建てられ、ナチスの残虐行為の犠牲者が忘れ去られることのないように、一九七九年、世界遺産に登録された。

これまでにアウシュヴィッツ強制収容所を訪れた人は、三〇〇〇万人にのぼる。一九九〇年代以降は、毎年百カ国以上から約一〇〇万人が訪れている。博物館には、一六カ国語の公認ガイドがいる。日本人のガイドもいる。

二〇一〇年一月七日の毎日新聞によると、アウシュヴィッツ強制収容所を訪れた二〇〇九年の年間入場者数は、前年比一七万人増の一三〇万人と過去最高を記録した。ポーランドの欧州連合（EU）加盟の前年（二〇〇三年）の五九万人と比べ、二倍以上に増えた。特に、中学生・高校生・大学生が前年比一二万人増の八二万人と入場者全体の六三％を占めている。国別では、ポーランドが五五万人と最も多く、イギリス、イタリア、イスラエル、ドイツが続く。アジアからの来訪者は、韓国が三万五〇〇〇人、日本が八二〇〇人だった。

二〇〇九年は、東欧民主化から二〇年目、EU加盟から五年目で、ポーランドにとっては節目の年であった。ドイツがポーランドと協調してホロコーストを後世に伝える取り組みを始めたことや、歴史教育に力を入れるようになったことも、入場者数増加の背景にあるという。

イタリアの「ポンペイ、ヘルクラネウム、トッレ・アヌンツィアータの考古学地域」は、一九九七年、世界遺産に登録された。六二年の地震によって崩壊したトッレ・アヌンツィアータと、七九年のヴェスヴィオ火山の噴火によって埋まったポンペイとヘルクラネウムから、公共広場、アポロ神殿、市場、浴場、商店、住宅などの遺跡が、一八世紀半ば以降の発掘によって出現した地域である。

ポンペイ遺跡の二〇〇七年の年間入場者数は二五七万人。イタリア国内では、四三一万人のバチカン美術館に次ぐ多さで、三位のウフィツィ美術館の一六一万人を大きく上回っている。

太平洋に浮かぶ人口六万人のマーシャル諸島共和国の「ビキニ環礁核実験場」は、二〇一〇年、世界遺産に登録された。冷戦時代、アメリカはこの島で六七回の核実験を行った。一九五四年三月一日には、焼津市のマグロ漁船第五福竜丸の乗員が操業中に被曝した。実験による放射線で、ビキニ環礁の自然環境も人も甚大な損害を受けた。

二〇一一年二月二七日の共同通信によると、島民は別の島に強制移住させられ、今も故郷に帰れない状況が続いている。がんで苦しんでいる人も多い。

ウクライナのチェルノブイリは、一九八六年四月二六日に発生した原発事故の現場だ。世界遺産ではないが、二〇〇九年、アメリカの経済誌『フォーブス』によって「世界で最もユニークな観光地」の一つに選ばれた。事故が起きた4号炉を見学するツアーもある。入場料は一日一六〇ドル（約一万三千円）。誓約書にサインし、放射能測定器で放射能レベルをチェックしながらの観光である。事故現場から三キロの廃墟の街プリピャチも訪れる。かつて原子力発電所の従業員とその家族の居住地として建設された街だ。

二〇一〇年一〇月一二日のAFPBBニュースによると、二〇〇九年には約七五〇〇人が訪れた。「おじけづいた」と認める人もいる。「あの悲劇を思えば、写真を撮るのがためらわれます」と話す人もいる。その一方で、チェルノブイリを「歴史的な遺物」と考え、観光名所になったことを当然のように受け止めている観光客も多いという。「事故以来、ずっと、ここに来たいと思っていました。異様なことだとは思いません。人々が殺されたローマのコロッセウムやアウシュヴィッツとは何ら変わりません。近代史における極めて重要な一ページなのです」とスウェーデン人観光客は話したという。

◉おわりに――未来へのメッセージを発信する

一九五五年の竣工直後の広島平和記念資料館の写真が手元にある。廃墟の街に立ち上がる力強い姿が写っている。その向こうには原爆ドームが凛として立っている。「負の遺産」は単なる歴史の証人ではない。未来への力強いメッセージでもある。

私たちは歴史の光ばかりを見ることに慣れていたのかもしれない。だが、歴史の光と影の両方を真摯に見ること、そこから未来へのメッセージを受け取ることは、観光の原点であり、人類としての責任でもある。

福島、宮城、岩手に一貫性のあるグランドデザインを描き、未来へのメッセージを国内外に発信することは、観光の果たす大きな役割の一つになる。（敬称略）

震災ボランティア・ツアーを復興交流プログラムへと発展させよう

―能登の伝統祭礼活性化の取り組みを参考に―

堂下　恵

◉要旨

東日本大震災から二年が経ち、復興支援を盛り込んだボランティア・ツアーでは、活動内容が被災地でのガレキ撤去や清掃活動から漁業・農業体験や被災者との懇談等に変化しつつある。今後は継続的な交流を実現する内容へと発展させる必要があるだろう。本稿では震災ボランティアがつながりを生かして実施している石川県七尾市中島の伝統祭礼活性化の取り組みを中心に紹介し、交流プログラム発展に向けて提言を行いたい。

◉はじめに

東日本大震災の被災地ではガレキ撤去や清掃活動といったボランティア活動が活発に行われ、被災地視察を盛り込んだボランティア・ツアーも複数実施されるようになった。現在では、漁業・農業体験等を中心とするボランティア・ツアーも増えている。この流れは、震災に対する支援が直接的なものから間接的なものへ、さらには支援から交流へとシフトしつつあると理解できるだろう。筆者が二〇一二年八月に参加したNPO法人「人間の安全保障」フォーラムの「まなび旅・宮城」では、宮城県登米市の仮設住宅の住民らが復興の旗揚げとして開催した夏祭りの運営ボランティアが主な活動であった。祭礼や地域行事は地元住民にとって重要な社会的・文化的活動であり、地元の復興を象徴する祭りや行事に参加し運営を助けることは今後も望まれていくに違いない。

本稿では、筆者がこれまでに取り組んできた外部者参加による伝統祭礼活性化の取り組みを紹介し、震災後の新たな交流／観光についての提言を行いたい。まず、震災ボランティアと地域のつながりが生かされている石川県七尾市の「熊甲二十日祭の枠旗行事」における祭礼活性化の事例を紹介する。次に、石川県奥能登地方の「キリコ祭り」への外部者参加の事例から、祭礼を対象として交流を継続する際に配慮すべき点を列挙し、今後の交流プログラム発展のために有用な情報を提供したい。

◉震災ボランティアから地域交流・貢献へ：「熊甲二十日祭の枠旗行事」の事例

石川県七尾市中島では民俗行事の保存・継承のために国指定・重要無形民俗文化財「熊甲二十日祭の枠旗行事」を主な対象として、祭礼への外部者受け入れが行われている。「熊甲二十日祭の枠旗行事」は、毎年九月二〇日に行われている久麻加夫都阿良加志比古（くまかぶとあらかしひこ）神社の祭礼である。一九の末社からくりだした神輿が「猿田彦」を先頭に鉦や太鼓、最大で二〇数メートルの高さにもなる「枠旗」などとともに本社へ巡行し、境内での神事や猿田彦の乱舞を経て、行列が本社から七〇〇メートルほど離れた「お旅所」へと移動する。お旅所では、多くの枠旗が巡回しながら、各担ぎ手によって枠旗を傾けて地面近くまで下げる「島田くずし」と呼ばれるパフォーマンスが実施される。

この祭礼では、枠旗ごとに二〇数名の担ぎ手が必要になる他、神輿の担ぎ手、鉦や太鼓の演者、その他の役割を担う人々の参加が必要であるが、石川県能登地域では過疎化・少子高齢化が進んでおり、伝統祭礼の担い手確保は容易ではなくなりつつある。この状況を受け、七尾市中島町横見、田岸、外、小牧、深浦集落の壮年団は二〇〇八年に「どぼんこ・さるたひこ地域協議会」を立ち上げ、地域の民俗を保存・継承するための活動を開始した。主な活動の一つが学生をはじめとする若者を祭りに呼び込み、地域力としての育成・定着を図ることであり、関係者は「地域の一員となってもらえるような人を育てていきたい」と考えている。同協議会は、二〇〇九年から「熊甲二十日祭の枠旗行事」等に石川県や関西圏の学生・関係者を受け入れており、参加者は枠旗の担ぎ手等として地域住民と一緒に祭礼に参加している。石川県からは石川県立大学「学生援農隊あぐり」ならびに金沢星稜大学堂下ゼミナールの学生が参加しているのだが、関西圏から参加しているのは神戸市の「被災地NGO協働センター」の関係者ならびに神戸大学・神戸学院大学の学生である。

神戸からNGOや大学の関係者が参加する契機になったのは、二〇〇七年三月に起きた能登半島地震被災地でのボランティア活動である。能登半島地震の際、阪神淡路大震災・新潟県中越地震被災地で足湯ボランティアを実施した「中越・KOBE足湯隊」が能登でも活動した。このボランティアは神戸大学、神戸学院大学をはじめとする複数の大学の学生や関係者によるものだったが、彼らは足湯を提供すると同時に被災した地域住民の声を丁寧に聞いており、住民の信頼を得た。七尾市中島の住民は祭りに参加するNGO関係者のことを「足湯隊のみなさん」と親しみを込めて呼んでいる。

祭りへの参加は震災から二年を経てのことであり、どぼんこ・さるたひこ地域協議会からの打診を受けてのことである。被災地支援が直接的に祭り支援へと変化したわけではない。ボランティア経験者がつながりを生かして伝統祭礼に参加するとしても、地域の伝統的な祭礼に外部者が関わってよいのか等、懸案すべき点が複数ある。金沢星稜大学堂下ゼミナールでは、熊甲二十日祭の枠旗行事に参加すると同時に、大学コンソーシアム石川の支援事業として、どぼんこ・さるたひこ地域協議会の協力のもとで住民対象のアンケート調査等を実施し、外部者参加による伝統祭礼の保存・継承への貢献には何が求められるのかを探った。

アンケート調査の回答数は一〇四であったが、約九割が石川県や関西圏の学生らの参加を良かったと評価していた。一方、民俗行事に外部者が参加することをどう思うかという問いには、行事によって賛否を変えると回答した住民が約四割いた。実際に学生らが参加して困った点をあげてもらったところ、「怪我の心配が増えた」と答えた住民が二六名いた。その他のコメントとして、「課題は継続性。単発であれば受入側も役割分担などが不明確で双方にとって必ずしも満足のいくものとはなりにくい」というのがあった。参加の継続については、どぼんこ・さるたひこ地域協議会事務局長も伝統祭礼に外部者を受け入れ始める際に、継続参加が非常に重要であると述べていた。そして、能登半島地震の際にボランティアで世話になった神戸の関係者に参加を呼び掛けたが、同時に、継続参加をより確実に見込めそうな県内の複数の大学関係者にも声をかけたと言っていた。

では、熊甲二十日祭の枠旗行事に参加した学生の意見はどうだったのか。枠旗を担いだ学生らは「実際に地域の人達と一緒に枠旗を担いだけれど、枠旗が重くて、団結力が必要だと感じられました」「枠旗を担いでいる時は地域の一員になっていた」とコメントした。一方で、「準備をしている時は地域の一員になっている感じがない」「枠旗を担いでいる時以外は地域の外から来た人の気持ちが強い」と、枠旗行事そのものに参加していないときは地域との一体感があまり感じられないようであった。

なお、所属の異なる学生同士の関係について、「金沢星稜大と石川県立大の学生はあまり交流がなかった」「神戸大学の人は金沢星稜大学の学生に対して親しみやすく、すぐに打ち解けることができ、地域の人にも積極的に接していた」「神戸からの参加者は祭りへの参加意欲が高いことに驚いた」という意見があった。これらの意見を鑑みると、震災ボランティア活動から地域交流へと内容が変化した際、ボランティア関係者は地域住民だけでなく他の参加者とも良い関係を築ける可能性が示唆される。

以上、震災ボランティア関係者が関わっている石川県七尾市の伝統祭礼の保存と継承の活動について紹介した。この事例から、震災ボランティア活動を契機とする人的交流を生かして伝統祭礼の保存・継承を実現できる可能性があり、震災ボランティア経験者は地域住民だけでなく他の参加者とも良好な関係を築けると推察できる。

◉祭礼を対象とする交流プログラムの運営に向けて：キリコ祭りの事例

では、震災ボランティア活動が祭礼を対象とした地域交流・貢献へと発展する際に懸念される点は何だろうか。以下では、「キリコ祭り」への外部者参加の事例をもとに、震災ボランティア活動が交流プログラムへと発展する際に配慮すべき点を明示する。キリコ祭りは石川県奥能登地方の多くの集落で七月から一〇月上旬にかけて行われている祭りで、神輿とともに「キリコ」と呼ばれる御神燈が夜から深夜にかけて集落を練り歩く。「キリコ」は低いもので五・五メートル程度、大きいもので一六メートル程の高さがあり、大きいものは担ぎ手が一〇〇人程必要になる。この祭礼も過疎化・少子高齢化の影響で担い手不足が深刻であり、地元の観光協会が体験参加を呼び掛けるなど担い手確保のための活動が行われている。筆者は三年間、金沢星稜大学堂下ゼミナールによるキリコ祭りへの体験参加交流に携わった。その際に判明した祭礼を対象とする交流プログラムで配慮すべき点を列挙しておきたい。

まず、伝統祭礼へ外部者が参加することに対して、地域住民は必ずしも好意的ではない。筆者が関わった地域では、当初、住民の三分の一が受け入れに難色を示していた。主な理由は怪我などされたら困るという安全面での懸念であった。また、参加受け入れの賛否に関わらず、半数以上の住民が「参加するのであれば能登の文化や風土に関心を持って欲しい」と考えていた。交流プログラムを一年、二年と実施していくと反対意見は減少したが、それでも神事・伝統行事に外部者は必要ないという意見があり、また、参加が継続しなかったら祭りの衰退が加速するという意見もあった。震災ボランティア活動が交流プログラムに発展するためには、取り組みの継続が大前提になるとともに、参加者の地域学習が不可欠になる。

では、体験参加者側はどのような意見を有していたのか。三年間の取り組みのうち、一年目に最も多かった意見は「怖かった」「危なかった」であり、「楽しくなかった」という意見も複数あった。震災ボランティア・ツアーの場合、参加者は自己管理を適切に行うと予想されるが、交流プログラムに発展していくと、運営に携わる主体が参加者の安全確保やリスクマネジメントを行う必要がある。

二年目は事前講習を複数回行うなどリスクマネジメントを適切に行ったが、そうすると参加者からは別の意見・要望が提示された。出発時間が早かった、祭りまでの待機時間が長かった、風呂の順番が回ってくるのが遅かった、他の参加者との交流の機会が少なかった、というものである。交流プログラムを改善して継続していくと、入浴や食事を含めた諸活動の適切な段取り、参加者同士の友好が高まるような雰囲気づくり等、良いツアーを生み出す仕掛けが求められる。

加えて、この取り組みは三年で頓挫したのであるが、主な原因は関係者の意思の齟齬によるものであった。プログラム立ち上げ当初は、参加する側と受け入れる側が直接コミュニケーションをとり、お互いに可能な範囲で尽力して体験参加交流を実現させた。しかし、継続すると参加する側は良いツアーを生み出す仕掛けを求めるようになる。他方、受け入れる地域側は、対象が伝統祭礼・民俗行事であるので「地域が変わる必要はない」と思い、このような思いは「言わなくてもわかるはずだ」と考える。言うなれば、継続によって参加する側と受け入れる側の間に距離が生じる可能性があるのだ。専門用語を使って表現するなら、ホストとゲストの差異が明確になってくるのであり、そうすると、立場や考えの異なる両者の意思を「通訳」する主体が必要になる。当事者が同じ方向を向いて活動している場合は良いが、活動が年数を重ね、各々の意識や要望が変わってくると仲介者の存在が重要になるのである。

◉おわりに

被災地の復興が進むと、復興の象徴として伝統祭礼や民俗行事が再開されていく。震災ボランティア活動が支援から交流へと変化しつつある現在、ボランティアの延長として祭礼に参加し地域交流・貢献を実現していくのは非常に意味あることであろう。しかし、祭礼の活性化においては、外部から参加する側に地域理解が求められる一方、地域側は自分たちのアイデンティティと密接にかかわる祭礼やそれを取り巻く環境を変化させるのを良しとしない。加えて、祭礼への体験参加交流が継続すると、参加者がボランティアからゲストへと性格を変えていくことが推察できる。重要なことは、これらの事実を踏まえたうえで、観光関係者が共有する知識・経験等を十全に生かして、被災者と支援者という関係からホストとゲストへと変化する両者の間に立ち、お互いの意思や要望を通訳し、翻訳し、橋渡しすることである。筆者のキリコ祭りの取り組みは三年で頓挫し、地域に迷惑をかけたと反省しているが、本稿が震災ボランティア活動に端を発する交流プログラムに大きく役立つことを願ってやまない。

震災復興と訪日外国人旅行者の受入環境整備

――韓国人個人旅行者を対象とした調査から――

鈴木　涼太郎

◉訪日韓国人旅行者と受入環境整備の重要性

国内観光地の振興において、訪日外国人旅行者は無視することのできない存在である。震災後落ち込んだ旅行者数も、日本政府観光局の統計によれば、二〇一二年六月には震災前の水準を上回っている。訪日外国人旅行者、とくにその多くを占める韓国、中国、台湾など東アジア地域からの旅行者の誘致は、被災地の観光面での復興において重要な役割を果たすと考えられよう。

本稿では、筆者らが行ってきた韓国人若年層の個人旅行者を対象とした共同研究から得られた示唆をもとに、復興過程における訪日外国人旅行者の受入環境整備の在り方について検討してみたい。インバウンド観光の振興のためには、観光客誘致のための宣伝活動だけではなく、実際の訪日旅行経験を満足なものとする受入環境の整備も重要である。なかでも、旅行者が訪日時に経験する困難、いわゆる「旅行障壁」を軽減する方策については、これまでも観光庁をはじめ関係諸機関による様々な取組が行われてきた。そこで本稿では、韓国人個人旅行者が経験する旅行障壁の特徴を明らかにすることによって、受入環境整備への示唆を得ることとしたい。

韓国は、最も近いインバウンド観光の出発地であるとともに、最大シェアを占める市場の一つである。また、約七割を個人旅行者が占めており、今後団体旅行から個人旅行へとシフトしていくことが予想されるアジアからの旅行者の動向を考えるためには、極めて示唆的な存在である。

個人旅行者の多くは、インターネットで航空券を予約するだけ、あるいはエアテルと呼ばれる航空券とホテルのみがセットとなったパッケージツアーを利用して日本を訪れる。観光情報の入手手段としては、インターネットが主流となっている。ただし、旅行会社や公的機関のサイトだけでなく、個人のブログの影響力も大きい。近年の「韓流／K—POPブーム」を背景に日本を訪れた韓国の有名芸能人がブログで紹介する日本のショップやレストランを事前にチェックし、旅行時に訪れる観光客も多い。このほか、一般人であっても大きな影響力を持ったブログ開設者もいる。

一方で、実際の旅行時には多くの旅行者がガイドブックを携行している。韓国内の書店では、日本の観光地を紹介するガイドブックが数多く販売されており、日本全体を紹介するもののほか、「東京」「大阪」「九州」「北海道」など地域別のものもある。また、「下北沢」「自由が丘」「西荻窪」などとエリア別に雑貨店を紹介するもの、ドラッグストアで購入できる化粧品類を詳細に解説するものなど、テーマごとに編集されたガイドブック類も多数出版されている。さらに、地方都市に焦点を絞ったものや、日本を縦断した個人の旅行記をまとめたもの、日本国内で出版されたガイドブックの翻訳版などバラエティに富んでいる。これらのなかには、人気ブログを編集して出版されたものも少なくない。その意味でも、観光情報の媒体としてブログが持つ意味は、きわめて重要であると言えよう。

◉調査の概要

今回の調査は、韓国人旅行者、とくに若年層の個人旅行者が訪日旅行中に「困った」「不便」と感じたことは何か、すなわち旅行障壁とは何かを明らかにすることを目的として、筆者を含め四名の研究者の共同で行われた。行ったのは、訪日旅行経験者や留学生へのインタビュー調査、日本に来て間もない留学生に実際に都内を観光してもらい、その様子を観察しながら記述するエスノグラフィ/参与観察調査、そして韓国在住の訪日旅行経験者を対象とした質問紙調査である。旅行者個人の経験を状況に即して具体的に明らかにする質的調査と、多数のサンプルを集めることによって一般的な傾向を検証する量的調査を組み合わせることによって、韓国人旅行者が旅行障壁と認識しているものの特徴について十分に把握することを試みた。質問紙調査では、質的調査から明らかになった論点をもとに設問を構成し、質問票をソウルと釜山周辺に居住する企業勤務者や大学生に二〇一二年七月から九月にかけて配布した。その結果、全体で五九七部、有効サンプル四一五部を回収した。

設問には、震災による訪日旅行の意欲への影響についての設問も含まれている。明らかになったのは、当然のことながら、七割以上の人々にとって震災が訪日旅行への意欲を減じさせる影響を与えているということであった。だが興味深いことに、男性に比べると女性の方が、マイナスの影響がやや少ないという結果となった。全回答者のなかで、東北地方への訪問経験が「ある」と答えたのは約七%で、首都圏、関西、北海道、九州、沖縄に次いで多かった。一方、今後旅行を「希望する」という回答も約七%

であった。これは、ほかの地域が「訪問経験」に比べ「旅行希望」が大きく上回っていることを考慮すると、震災が韓国人旅行者の訪問意欲に影を落としていることを裏付けている。また、設問のなかで訪日旅行中の困難な経験に「対応できた」と回答したグループの方が、震災が訪日旅行意欲に与えたマイナスの影響が少なかった。つまり障壁への対応力がある人は、震災を経てもなお訪日旅行の意欲が高いともいえよう。

◉個人旅行者が経験する障壁とその多義性

質的調査／量的調査を通じて多くの韓国人旅行者が訪日旅行時に困難と感じたのは、「インターネット環境」、「交通機関利用」、「飲食」、そしてそれらすべてと関係する「言語」にかかわる事柄であった。韓国では、街中でも簡単にWi―Fi接続可能な環境が整備されている。しかし日本の場合、大都市圏であっても、無料で容易にアクセスできる場所は限られている。韓国から持参したスマートフォンを使って観光情報を検索しようとしてもできないのである。

また、バスで移動することの多い団体旅行者と異なり、個人旅行者の場合は、交通機関の利用において困難を感じることが多い。都市部では複雑な路線図や、JRと私鉄、地下鉄など複数の事業者が多数の路線を有していること、独特の乗車券の購入システムなどが、旅行者にとっては困難を感じさせる。

食事も障壁となる経験を含んでいる。注文の際には言語の問題が困難を感じさせるほか、店舗設計やオーダー方法そのものについても日韓間には差異が存在している。例えば、訪日韓国人旅行者に人気メニューの一つであるラーメンの場合、専門店のなかにはカウンター中心の座席で、食券の自動販売機が設置されていることが少なくない。しかしいずれも韓国内の飲食店ではほとんど目にすることはない。さらに、ラーメンの「大盛」や各種「トッピング」など、ラーメン店独特のオーダー法が旅行者を悩ませる。

ただし興味深いのは、質的調査に協力してくれた訪日旅行経験者たちが、それら障壁と感じた経験を「いかに語っているのか」という点である。同じように困難を感じたことを語ってはいても、状況や文脈によっては、それらの経験を必ずしも否定的な含意でのみでは語っていないように解釈される状況が、調査中たびたび存在していた。

例えば、ラーメン店での経験について語るグループインタビューの参加者たちは、次々と日本式オーダー法をめぐる困難を口にはするものの、失敗をしながらも日本のラーメン店で食事をしたこと自体をいわば「武勇伝」ないし「自慢話」のように語っていた。参与観察調査においても、韓国語の案内表示がないために道に迷いながら目的地に到着した参加者は、大通りではない路地を歩いたことが、最終的には思いがけず「日本人の本当の暮らし」を垣間見ることができる良い経験だったと振り返った。言葉の問題で、ガイドブックで評判のたこ焼き店において期待通りのオーダーができなかった参加者は、失敗したけれども「またチャレンジしたい」と結局は語っているのである。

彼女／彼らの語りでは、困難な経験、すなわち旅行障壁が存在していたことは確かではあるが、結果としてそれが訪日旅行経験の不満足には必ずしもつながっていない。むしろ、障壁を経験したからこそ楽しかった、あるいはその障壁を乗り越えられたからこそ「本場の体験」ができたという含意が読み取れるのである。

同様の状況は、質問紙調査の結果からも明らかになった。質問票では「困難な経験」に対応できたかどうか、そしてその経験が訪日旅行経験の満足あるいは不満足にどう影響したかについて質問した。一般的な傾向は、「困難」に対応できればその経験は満足に、対応できなければ不満足につながるというものであった。しかし、交通機関の案内表示やインターネット接続環境については、障壁に対応できたとしても不満足な回答者が約四割もおり、飲食にかかわる項目では、対応できなかったとしても満足であったという回答者が、やはり約四割存在していた。すなわち、先述のラーメン店の話題のように、食事では困難な経験があったとしても、訪日旅行の満足にもつながっているという状況なのである。

このように考えると、韓国人個人旅行者が滞在中に経験する旅行障壁は、多義的な性格をもっていることが明らかになるだろう。「日本で困ったことは何ですか?」と聞くと、「交通」「飲食」などの項目は、等しく旅行障壁として回答される。しかしその内実は一義的ではない。旅行者の満足度向上のために除去されなければならない文字通りの障壁と、その壁を乗り越えることが自らの旅行の価値を高めて「本場での体験」を担保してくれる障壁が混在しているのである。いわば、韓国人個人旅行者の受入環境整備は、旅行障壁をただ単に除去するのではなく、満足につながる一定の障壁の除去を避けることが必要であると考えることも可能であろう。

◉復興への示唆——「障壁」があるからこそ魅力的な観光地

韓国人旅行者にとって震災や原発事故は、訪日旅行の意欲を減じさせる制約要因、旅行障壁であることは変わりない。では今後、震災という障壁を乗り越えて訪れる個人旅行者たちは、被災した観光地に何を求めているのだろうか。

もちろん適切な宣伝活動の結果、震災という障壁の存在を忘却し、それ以前と同じく単に日本の一観光地として被災地を訪れる観光客も多いだろう。しかし、個人旅行者における旅行障壁の多義的な性格を考慮するのであれば、また別の想定も可能ではないだろうか。すなわち、彼女／彼らは、震災を乗り越え復興を目指す被災地域の観光地を敢えて訪れることで、通り一遍の日本ではなく、障壁を乗り越えた先にある「本当の日本」を経験しに来るという可能性である。

今回の調査を踏まえると、個人旅行者の場合、震災の痕跡がすべて消去され、また何をするにでも言葉の壁などのストレスを全く感じさせない環境整備がなされた観光地が、個人旅行者にとって必ずしも魅力的な観光地であるとは考えられない。むしろ、インターネット接続や交通アクセスなどにかかわる最低限の障壁が除去された上で、障壁が適度に残された場所の方が、かえって個人旅行者、とくにリピーターにとっては、魅力的な場所に映るのではないだろうか。なぜならば、障壁を乗り越えた先にある「本当の日本」の経験が担保されていることこそが、まさに「ブログで自慢できる」経験なのである。韓国人個人旅行者の調査からは、文字通りの障壁を取り除きつつ、乗り越えることに意味がある「見せかけの障壁」は残しておく、あるいは震災という負の要因ですら魅力に転化させるような観光地の受入環境整備の在り方が示唆されると考えられる。

台湾人からみる震災後の東北観光

陳　黎明

◉はじめに

本稿は、東日本大震災後の台湾人による日本観光について概観し、震災後の東北観光の現況を考察する。

東日本大震災直後からしばらくの間、台湾でも震災のニュースが流れていた。ニュースを目にした台湾の多くの人々が寄付を行い、日本への高額の義捐金が集まった（公益財団法人交流協会によると、二〇一一年の統計は一八〇億円を超えている）。この義捐金には個人的な寄付が多く、例えば企業の社員や公的機関の役員が一日分の給料を寄付するというものであった。台湾からの高額な義捐金が日本へ渡された後、二〇一一年後半から二国間で多くの協議・協定が調印されている（例えば二〇一一年一一月の「台日オープンスカイ航空協議」などがある）。このことは、国交のない日台両国間において画期的な出来事だと言える。台湾政府関係者は、「震災援助のために台湾から世界で最も多くの義捐金が日本に渡ったことに起因する」とコメントしている。

では、震災は台湾人の日本観光にどのような影響を与えただろうか。

◉震災後の日本観光と東北観光における課題

震災直後、日本への台湾人観光客は二〇一〇年三月の八万九五二四人に対して、二〇一一年三月は四万二〇九五人に激減した。しかし、日本政府観光局（JNTO／Japan National Tourism Organization）の二〇一二年九月の統計によると、訪日台湾人数はすでに回復しており、震災前の二〇一〇年同月比で伸率一一三・四％となっている。ただし、ＪＮＴＯの訪日外国人動向消費調査によると、二〇一二年七〜九月の台湾人による東北訪問率はわずか一％でしかない。全体的な訪日人数は、震災以前の数に回復しているが、東北を訪れる台湾人数は、以前の半分にも満たないのが現状である。

そのような中、二〇一二年五月に国際トラベルフェア（ITF／International Travel Fair）が台北で開催された。そこで、日本観光商品を販売している数名に東北観光について質問すると、次のような答えが返ってきた。「元々（東北観光は）少なかったよ。今はさらにいない。（中略）ほとんどのお客様は東京や京阪神もしくは北海道、九州の商品について問い合わせてくる」。訪日人数は震災前より増加しているにも関わらず東北を訪れる観光客数のみが減少したのは、先の販売員の返答から、観光目的地を東北から日本の他地域へと変更したためと推測できる。

ここから、東北観光を取りやめ他の地域の日本観光を選択することについて、より詳しく見ていく。その中で浮かび上がってくる台湾人の日本観光へのイメージや、現在、東北観光が抱えている問題について考えていきたい。

公益財団法人交流協会による「二〇一一年度台湾における対日世論調査」（調査日は二〇一二年一月三〇日～二〇一二年二月二二日となっている）では、台湾人にとって日本に関し最も魅力的なことは自然環境であった。一方、筆者が九州や東京にきた数人の台湾人観光客、それからくる予定のある台湾人に東北観光について尋ねた際、東北観光の魅力として挙げたことは自然のみであった。逆に筆者は彼らに「東北へ行ったら、何を観るの？どうやっていくの？」と聞き返された。彼らの発言から見えるように、台湾人観光客の東北についてのイメージは自然環境以外には無い。東北には歴史的に魅力のある寺社仏閣や、魅力的な食も豊富にあるが、台湾人観光客は知らない。つまり東北が日本観光における目的地となりにくい現状は、台湾の一般の人々の東北に対する知識の不足を如実に反映していると言える。このことは観光業者や政府の宣伝内容や方法に原因があるのか、東北へのアクセスの仕方に原因があるのか、震災のニュースの影響か、様々なことを考慮しなくてはならない。

また、情報の流布の仕方についても考えなくてはならない。

台湾のテレビは、震災の直後に暫く震災の影響や地震や津波に関する情報及び原発事故に関する情報が毎日放送されていた。これらのニュースの中では、日本で流されるニュースがそのまま翻訳されて流されてもいた。しかし、そもそも日本政府の原発事故に関する発表は曖昧であり震災や原発事故の全体像が見えづらいものであったため、日本のニュースが翻訳されそのまま流されてはいたが、日本語がわかる台湾人でもどこまでが信用に足る情報なのか判断がついていなかった。つまり、ニュースの情報から日本観光の可否を判断することは容易ではない状況があった。

また台湾人が観光に関する情報を入手する方法として、インターネットがある。前述のＪＮＴＯの調査によると、台湾人の旅行情報源は「個人のブログ」（三五・一％）が最も多い。つまり観光を企図するにあたって、インターネットで情報収集することが一般的である（二位は「旅行会社ホームページ」二六・一％、三位は「旅行会社のパンフレット」二一・四％）。しかし、インターネットの情報は正確でない点が多々あり、どこまでが真実なのかわかりづらい部分もある。このように、ニュースでもインターネットでも日本観光に関する正確な判断が難しい状況にあった。それにその後しばらくして震災や原発に関わるニュースが落ち着いてくると、逆にもう済んだ話という印象を受けた台湾人が多い。

筆者が数人の台湾人にインタビューした中で得られた次の発言は、このような曖昧な情報に接する人々の状況をよく表している。「ニュースに（福島原発事故の状況が）あまり放送されてないから、あまり気にしなくなったよね。それにインターネットで調べてみたら、なんと香港の放射能値が東京より高いって！それに東京は福島から遠いでしょう。だから安心できるでしょう」。

前述した世論調査によると、日本の観光の魅力として「安全性」は五位（六一％）である。また、日本への旅行について、「しばらくは控えている」と回答した人は五一％で、その主な理由は「放射能の影響」（五〇％）であり、二位の「円高」（二八％）を大幅に上回っている。いつもならば安全は観光の魅力を形成する一つの選択肢に過ぎない。しかし、何か緊急な状況に陥ると、最も重視されるようになる。つまり、安全は観光に求められる選択肢ではなく、絶対必要な前提なのである。

このように、安全問題の影響で日本観光を控える人々もいる一方で、知見不足と情報開示の不徹底によって生まれた情報の曖昧さから、不可解な安心感を抱く人々がいるのも確かである。情報が十分に公開されないまま、安全という看板が掲げられているのである。つまり、実際の被害や影響はよく分からないにもかかわらず、なんとなく危険ではないと判断し、日本を旅行先に決めた人々もいる。

関谷直也は、『風評被害─そのメカニズムを考える』（光文社、二〇一一年）の中で、「風評被害とはある物事が周りのうわさによって損害を被ることであり、特に経済的被害を指す」（八三頁）と述べている。三・一一後の東北の観光は、まさに風評被害を受けていると言える。山形県の役所の観光関係者は次のように述べた。「放射能による風評被害で苦しんでいます。台湾からは、台湾政府が出した山形を含む東北地方への渡航禁止令もあり、観光客はほぼゼロになりました。山形は割と早くに禁止令は解かれましたので少しずつではありますが、台湾からのお客様は戻ってきています。が、福島県の放射能の情報がきちんと伝わっていなかった部分もあり、回復には時間がかかりました。」東北は、風評被害を受けたものの、先に述べたように、公開される情報の曖昧さによって、放射能を心配していた台湾人が妙な安心感を持って日本観光を控えなくなり、東北を除いて以前の状態に戻ったという。しかし、もともと台湾人観光客の少ない東北に、震災の与えた打撃は大きい。

◉新しい観光と台湾人の視線

さて、次にこれからの東北観光を考えてみたい。震災後の被災地で何ができるのかと考えられている中で、新たな観光が発展してきている。例えば、ボランティアツアーが、その例として挙げられる。筆者は二〇一二年の八月に、東京大学「人間の安全保障プログラム」の教員と学生が中心となって設立された「ＮＰＯ法人人間の安全保障」フォーラムを通して、宮城の南三陸への二泊三日の「まなび旅」に

写真1　南三陸町の防災センター

参加した。津波の被害を受けた建物（防災庁舎、写真）や土台のみが残る建物の様子を見学する（このような津波被害を記憶させる建築物の保存は、人間に警告を発し、反省を促す教育的な意味をもつ。それゆえ「まなび旅」であり、ボランティアツアーであるが、教育も重視している）だけでなく、町内会の夏祭りの手伝いのボランティアをした。

「まなび旅」の中で案内してくれた現地の人によると、遺族や現地の人々の中には、被災した建物の保存に反対する声もあるということだ。震災のことを思い出してしまい、悲しいというのがその理由である。インドネシアのバンダアチェでは、津波被害の後に博物館が造られ、観光スポットとされている（『朝日新聞グローブ』二〇一一年八月七日の記事より）。記事によると、この経験や記憶を世界の人々に伝えたいという意図で造られたが、見に来る人にとってはやや違和感があるという。特に現地の人々は、観光の目的地としてされることを受け入れられないようだ。

震災後の二〇一二年に、個人旅行で日本に訪れた台湾嘉義在住の呉さん（三六歳）は震災の遺構を含む東北の観光に「あまり見たくないよね。今はやはり危ないから、それに何か変。ちょっと行きづらいかも」と語った。さらに、彼女は次のように自身の解釈を話した。「観光と言ったら、そのようなところにあまり行きたくない。特殊な目的を持たない限り、観光でそういうところへは行かない」。日本を既に三回ほど訪れたことがある呉さんの話には、被災地を観光として見に行くことがまるで他人の不幸を楽しむことであるように感じられるというモラルに関わる点での戸惑いが表れている。

また、いわゆる観光では無くボランティアツアーだとしても、台湾人にとっては被災地を観光するということは難しい。台湾においてボランティアという言葉は、真剣に誰かのために尽くすことであり、途中で苦痛や精神的苦労を伴うのが当然と一般的に考えられている。そのため、ボランティアとツアーを一緒に行う観光形態は、台湾人には馴染みづらいところがあると言える。もちろんボランティアで東北に行く台湾人もいるだろうがボランティアをしに行くのであり観光をしに行くのではない。台湾人がボランティアツアーを受け入れ、先のような「まなび旅」のようなボランティアツアーを実践するには、時間がかかるだろう。

モラルやボランティアに対する考え方の問題のほかに、台湾人にとっての日本観光の意味から被災地への観光を考えてみたい。一八九五年から一九四五年まで、台湾は日本に統治されていた。当時の日本政府は、台湾人に日本の強大さを見せつけるために、台湾のエリートたちを日本内地まで誘致して観光させせた。彼らに日本は先進国であり強いというイメージを植え付け、帰国後の彼らを通してそのイメージが台湾人へ伝わることを目論んだのである。戦後、台湾には中国の国民党政権が入り、高圧的な手段で台湾を統治した。戦前の強い日本イメージと反中国の思想から、台湾には日本に対する好感が湧いた（もちろんこのイメージの流布により、日本に対し台湾人が畏怖の念を抱くように仕向けたことも事実であるが、その後の中国国民党の侵入を経験することで、統治を脱した台湾にとっては日本が先進国で強いというイメージだけが残ったと言える）。さらに、七〇年代から日本製品が少しずつ輸入されるようになり、生活水準のまだ低かった台湾の人々にとって日本製＝高品質なイメージが強く根付いた。このような日本を先進国とするまなざしは、現在の台湾にも存在している。前述したとおり交流協会の世論調査では、日本の魅力の一位は自然環境であったが、行き先としては東京が常に一位であった。鄭秀娟は台湾人の東京観光を「上り型」の観光と呼んでいる。社会的・文化的に優れている所へ向かう観光であるという（旅の文化研究所『研究報告一一』二〇〇二年、九九―一一〇頁）。台湾人が日本へ行ってみたい理由は、記憶の中にある近代的に優れている日本を見たいからである。そのため、観光を目的とする訪日で先進国日本の悲惨な光景を見に行くことは、台湾人にとっては期待はずれであると言えよう。

◉おわりに

本稿は、台湾人の観光客の視点から震災後の東北観光について簡単にまとめた。震災後暫くしたら、日本を訪れる観光客は増えたが、一方で東北へ行く人は少なくなっているという結果が現れた。

そのため、観光客が東北に再び訪問するようになるためには、情報公開を徹底的にすることが重要だと考える。それから、ボランティアツアーに馴染みがなく、モラル問題に敏感かつ東北の見どころに関する知見があまりないからこそ、危機を転機として、東北全体や被災した場所をゼロから再建することや新たな特徴を作ってアピールすることが東北の観光を回復する契機となると考える。

被災者招待型ツーリズム

―震災をきっかけに生まれる交流―

関美菜子・一條文佳

◉はじめに

災害と観光というと、何が思い浮かぶだろうか。多くの場合、被災地でボランティアをする傍ら、近隣の地域を観光するといったボランティアツアーや、風評被害などで客足の遠のいた被災地近隣の観光地にあえて赴くといったところが連想されるのではないだろうか。これらはいずれも、被災地外の人々が被災地および周辺の観光地を訪問するという点では共通している。

しかし、それらとは全く逆の形態をとる観光が東日本大震災の発生以降に生まれている。それは、ひろく被災地と呼ばれる地域で生活する人々―「被災者」―を、復興支援の一環として被災地以外の地域へ招待するというものである。ここではそれを「被災者招待型ツーリズム」と名づけ、新しい観光と支援のかたちとして紹介する。着目するのは、仙台市の協定都市である台湾の台南市からの支援により企画された「台南市青少年訪問団ツアー」と、シンガポール日本商工会議所・日本政府観光局が主催した

「シンガポール東北親善大使」プログラムの二つである。これらの事例から、被災者/被災地と支援者の間にどのような関係性が構築されつつあるのかを考察する。

●台南青少年訪問団ツアー

仙台市は、協定都市である台南市から、東日本大震災への支援として約一億三七〇〇万円の寄付金を受け取った。また、台南市と財閥奇美グループ（台南市に拠点を置く台湾屈指の大企業）は支援の一環として三年間で約三〇〇人の学生を招待する旨を申し出た。仙台国際交流協会は、奇美グループから寄付金として受け取った一四〇〇万円の資金をもとに、二〇一一年よりツアーの主催をはじめた。同協会（財団法人仙台国際交流協会『台南市青少年訪問団報告書』財団法人仙台国際交流協会、二〇一二年、二頁）によると、このツアーは「仙台市と交流促進協定を結ぶ台南市に青少年を派遣し、現地の青少年との交流や台南市内の見学、日本文化の紹介などを通して、異文化理解を深める機会とする。また、震災で受けた支援への感謝や現在の仙台の現状を伝える機会」と位置づけられている。

(一) 第一回訪問団の派遣

仙台国際交流協会はツアー参加候補者を、「仙台に在住、あるいは通勤・通学している一八歳から二二歳の青少年」として、二〇一一年一〇月から第一回訪問団の団員募集を開始し、書類審査と面接によって男性六人、女性二四人（筆者の一條含む）の計三〇人を選出した。団員のほとんどが仙台近辺で被災しており、津波に直接遭遇した者も数名いる。

団員は翌年の二〇一二年一月よりツアーに向けて三回の事前研修に参加した。研修の内容は、台湾からの留学生を講師として招いて台湾の文化や中国語のレクチャーを受けるなど、ツアーへの準備が中心だった。また、現地での交流の催しで披露する歌や仙台の伝統芸能であるすずめ踊りを練習したり、発表するスライドやクイズを作成したりした。これらは上掲の報告書に記された、現地で異文化交流をすること、および台南からの支援に感謝し、仙台の現状を伝えるというツアーの目的を果たすためのものである。

事後研修を終えた後、三〇名の団員と同行職員らは二〇一二年二月一六日から二六日までの日程で台南市を訪問した。具体的な行程は、台湾最古の城である安平古堡や日本統治時代に建設された烏山頭ダムの見学、先住民族であるパイワン族とルカイ族の村での草冠や愛玉ゼリー作りなどの文化体験であった。団員は八つの班に分かれ、各班には現地で日本語を学ぶ学生がサポーターとしてついた。またサポーター以外にも数人の現地の学生や日本人留学生も同行し、ガイドや通訳などのサポートをしながら行動を共にした。

宿泊先では事前研修で作成したスライドを上映したり、日本の成人式に関するクイズを出題したりしながら、日本文化や仙台の祭り、震災の被害と仙台の現状について伝えた。また、同行した台南市のカメラマンが団員一人ひとりにインタビューを行い、被災当時の状況や台南市を訪れた感想を記録していた。このほか、ホームビジットとして台南市民の家庭で一日を過ごし、さらにお別れ交流会では研修で練習した「世界に一つだけの花」の歌の披露や伝言ゲームを行うなど、団員と現地の人々とが交流する機会が数多く設けられた。とくにサポーターとはバス移動や食事の際にも日本の歌手やアニメについて話したり、それぞれの国の手遊び歌を教えあったりし、親密な関係を築いていった。

帰国後には事後研修が二回行われた。団員たちは報告書の作成やツアーのスライド鑑賞を行い、感想や反省点を述べあった。同年夏に行われた第二回、第三回の団員の感想と共通して多かったのが、さらに台湾を知りたくなった、台湾についてもっと勉強してから行きたかったという声であった。

(二) ツアー終了後

ツアー終了後も、団員たちは食事会を開いたり、台南のサポーターとFacebookやSkypeなどを利用したりして交流を続けている。サポーターの中にはツアー後に高知、新潟、大阪に留学に来た者が一人ずつおり、仙台を訪れて団員や仙台国際交流協会職員と再会を果たした者もいる。その際サポーターが「観光地に行くのもいいけれど、それ以上に団員に会いたい、みんなに会えたらどこでも嬉しい」と言っていたことからは、団員との間によい関係が築かれていたことが分かる。このほかにも、団員がサポーターの留学先に会いに行ったり、留学中のサポーター同士が日本で会ったりと、参加者全体での積極的な交流が続けられている。

二〇一二年八月には高校生三〇名が第二回、大学生三〇名が第三回の訪問団として台南市を訪れた。この際、前回の団員から二名が日本人サポーターとして同行したほか、第一回の台湾側サポーター数名も宿泊先に駆けつけるなど、参加者たちは回をまたいで交流を続けている。

団員は、このツアーにおいて現地を訪ねて人々と交流し、台湾、特に台南市を身近に感じるようになっただけでなく、帰国後も積極的な交流を続けている。訪問団の派遣は三カ年計画であり、今後も仙台の学生が派遣される予定である。台南市青少年訪問団を契機とした仙台と台南の交流は広がりつつある。

◉「シンガポール東北親善大使」プログラム

(一)「シンガポール東北親善大使」プログラム

二〇一一年八月三日～八日、シンガポール日本商工会議所と日本政府観光局シンガポール事務所が主催となり、シンガポールの大学生一〇〇人を東北地方へ無料で招待する「シンガポール東北親善大使」プログラムが開催された。目的は、実際に東北地方を訪れた参加者に、帰国後、現地の情報を発信してもらい、風評被害の払拭と日本の安全性の周知につなげること、およびシンガポールと東北地域の大学生が相互交流する場を提供することであった。参加者たちは三グループに分かれ、岩手県陸前高田市や仙台空港のように甚大な津波被害を受けた地域の視察、各地域の大学生と震災に関した討論を行った。また、仙台七夕や盛岡さんさ祭りなど東北地方の祭りに参加するとともに、宮城県蔵王町の御釜や栃木県日光市の鬼怒川温泉を訪問した。

筆者(関)は、同プログラムに参加した東北地域の学生約二〇名の一人である。学生たちは八月五日～七日の二泊三日の日程でプログラムに同行し、終了時には、涙を流して別れを惜しむ者もいた。その後も、主にFacebookやTwitter、Skype、また手紙でのやりとりなどを通じ、参加者たちの交流は続いた。

（二）「シンガポール東北親善大使」フォローアッププログラム

同プログラム終了から約一年後の二〇一二年七月一日～九日、今度はシンガポールでフォローアッププログラムが開催された。これは前回の参加者どうしの再会、東北の現状報告と観光ＰＲ、市内・産業施設・政府観光局への訪問によるシンガポールへの理解促進等を目的としている。東北地方からは筆者を含め、八名の大学生が参加した。このプログラムの中心を担ったのは、在シンガポール日本大使館、日本政府観光局シンガポール事務所、㈶日本国際協力センターなどである。

シンガポール訪問までの約一カ月半の間、参加者八名は、訪問時に行う東北の現状報告と観光ＰＲのためのプレゼンテーション、震災後の危機管理や風評被害対策などをテーマとしたディスカッションの準備を行った。大使館の担当者との事前のやりとりで「東北に住んでいる皆さんならではの話を」との要望が出されたこともあり、参加者同士でそれぞれの震災時とその後の体験を共有し、それぞれが伝えたいエピソードを考えながら準備を進めた。

実際の訪問では、二日目に在シンガポール日本大使館を訪問し、両国間の歴史や、シンガポールにおける復興支援活動について説明を受けた。三日目には、専門学校を訪問し、観光を専門とする一〇〇名以上の学生たちの前で、仮設住宅やがれき処理の状況、学生のボランティア活動などを東北の現状として報告した。観光ＰＲの場面では、参加者たちが実際に訪問したことのある東北各地の写真―岩手県雫石町の小岩井農場、日本三景・松島、仙台市街地の四季折々の風景など―の紹介を行った。発表の最後には、シンガポールの学生たちから日本への訪問を望む声が多く聞かれた。四日目は、シンガポール政府観光局を訪問し、シンガポールの観光政策について詳しい説明を受けた。同日夜には、前回のプログラムで東北を訪れたシンガポール側の学生六名と「危機管理」をテーマにディスカッションを行った。五日目には、いくつかのグループに分かれ、前日同行した学生らの住まいを訪問するホームビジットの時間が設けられた。これらの企画と並行して、東北からの参加者たちは、昨年のシンガポール側の参加者や現地旅行会社のガイドの案内を受けながら、シンガポールの三つの大学や、チャイナタウン、アラブストリート、リトルインディア、マリーナベイサンズなどの観光地を訪問した。

このように今回の日本からの訪問には、前年の参加者との交流の機会が数多く盛り込まれていた。同行スタッフによると、シンガポールの学生たちからそうした時間を増やしてほしいとの強い要望があったという。シンガポールの学生たちの中には大学や市内、また自宅を日本人学生に案内するといった時間以外にも、個人で都合をつけて参加した者も多く、前年の一〇〇名の参加者のうち約半数近くが東北からの参加者との再会を果たした。

滞在最終日の報告会には、日本側の参加者たちは自主的に持参した浴衣を着用してのぞみ、プログラムを通して、シンガポールという国や人々の柔軟性、日本とは違う魅力を持つシンガポールの観光とその発展、急速な経済発展の背後にある人々の努力などを学んだと発表した。そして、それらの経験を今後、日本・東北の復興に活かすとともに、シンガポールの人々とのあいだに生まれた縁を大事にしていきたいと締めくくった。

その後、卒業旅行や留学等で再度日本を訪れたシンガポール側の参加者もおり、中には友人を伴い、東北でのボランティア活動に再び参加した参加者や、東北の学生に会いに来る者もいる。こうした交流以外にも、ＳＮＳ等を利用しながら参加者どうしの交流は続いている。

◉おわりに

本稿は、前述した二つの事例を被災者招待型ツーリズムとして捉え、被災者／被災地と支援者の関係性の構築について論じた。これらをもとに、特徴として以下のことが指摘できる。

それは、参加者たちがツアー・プログラム中に交流を持った人々と帰国後も盛んに交流し、良好な関係を続けていることである。また、台南の事例ではツアー後に招待者側が訪問側を訪ねているし、シンガポールの事例では招待側が訪問側の立場へと転換した。このように一方向的ではなく、相互的な交流が続いていることも特徴である。その要因として、この被災者招待型ツーリズムが震災後間もなく始まったプロジェクトであり、震災についての参加者たちの意識が高いうちに行われたことが挙げられる。また、台南とシンガポールを訪問した日本人参加者は、実際に被災地で暮らし、地震を経験した者たちである。震災をきっかけに招待を受け、ツアー・プログラム中に支援の手を差し伸べてくれた人々と直接会って交流したことが、招待側との継続的な交流に対する強い気持ちを抱かせているのではないか。

震災を機に立ち上げられた被災者招待型ツーリズムは、被災地と非被災地の新しいつながりを生み出す契機となっている。こうした被災者招待型ツーリズムを通して生まれた交流が今後どのように継続され、被災地や外部の人々に影響していくのかに注目したい。

編集代表者・執筆者紹介

【編集代表者】

山下　晋司（やました　しんじ）総合観光学会会長。東京大学大学院総合文化研究科教授。〈文化人類学〉

グローバルな人の移動という視点から、観光や移住を取り上げ、新しい社会の展開や文化の生成について研究している。

著書に『バリ―観光人類学のレッスン』（東京大学出版会）、『観光人類学の挑戦―「新しい地球」の生き方』（講談社）、編著書に『観光文化学』（新曜社）、『観光学キーワード』（有斐閣）など。

【執筆者】（五十音順）

阿部　憲子（あべ　のりこ）南三陸ホテル観洋　女将

飯塚真奈美（いいづか　まなみ）ジャパンハーツ株式会社　代表取締役〈インバウンド観光〉

伊勢みゆき（いせ　みゆき）特定非営利活動法人まなびのたねネットワーク　代表理事

一條　文佳（いちじょう　ふみか）東北大学文学部　学生〈文化人類学〉

市野澤潤平（いちのさわ　じゅんぺい）宮城学院女子大学学芸学部　准教授〈文化人類学・観光学〉

稲葉　雅子（いなば　まさこ）株式会社ゆいネット・株式会社たびむすび　代表取締役

大江　靖雄（おおえ　やすお）千葉大学大学院園芸学研究科　教授〈農業経済学・観光経済学〉

小川　雅司（おがわ　まさじ）羽衣国際大学現代社会学部　准教授〈都市・交通・観光経済学〉
小沢　健市（おざわ　けんいち）立教大学観光学部　教授〈観光経済学〉
小野寺初正（おのでら　はつまさ）宮城県議会　議員　宮城大学　大学院生
海津ゆりえ（かいづ　ゆりえ）文教大学国際学部　准教授〈地域計画、エコツーリズム〉
金城　盛彦（きんじょう　もりひこ）東海大学政治経済学部　教授〈数量経済分析〉
小谷　竜介（こだに　りゅうすけ）宮城県教育庁文化財保護課　技術主査
小林　天心（こばやし　てんしん）亜細亜大学経営学部　教授〈国際観光論、ツーリズムプラニング〉
齋藤　敏子（さいとう　としこ）富山国際大学現代社会学部　准教授〈サービス・マーケティング〉
鈴木涼太郎（すずき　りょうたろう）相模女子大学学芸学部　准教授〈観光研究・観光文化論〉
須田　寛（すだ　ひろし）JR東海　相談役
関　美菜子（せき　みなこ）東北大学文学部　学生〈文化人類学〉
関谷　雄一（せきや　ゆういち）東京大学大学院総合文化研究科　准教授〈アフリカ地域研究・開発人類学〉
高橋　光幸（たかはし　みつゆき）富山国際大学現代社会学部　学部長・教授〈地域観光・地域経営〉
陳　黎明（ちん　れいめい）東京大学大学院　博士課程文化人類学専攻
堂下　恵（どうした　めぐみ）多摩大学グローバルスタディーズ学部　准教授〈観光人類学〉
中﨑　茂（なかさき　しげる）リーラ研究所　主任研究員〈地域開発・観光サービス・観光安全〉
橋本　裕之（はしもと　ひろゆき）追手門学院地域文化創造機構　特別教授　追手門学院大学社会学部　教授〈民俗学
演劇学〉

広瀬　敏通（ひろせ　としみち）一般社団法人ＲＱ災害教育センター　日本エコツーリズムセンター〈エコツーリズム論・防災学・災害教育〉
福井　美穂（ふくい　みほ）千葉大学大学院園芸学研究科　博士前期課程〈農業経済学・観光経済学〉
藤井　信行（ふじい　のぶゆき）川村学園女子大学生活創造学部　教授〈観光歴史学〉
政岡　伸洋（まさおか　のぶひろ）東北学院大学文学部　教授〈民俗学〉
三橋　勇（みつはし　いさむ）宮城大学事業構想学部　教授〈観光学・観光・ホスピタリティ事業〉
宮井　久男（みやい　ひさお）岩手県立大学宮古短期大学部　教授〈観光学〉
矢嶋　敏朗（やじま　としろう）㈱日本旅行　広報室長
安田　純子（やすだ　じゅんこ）郡山女子大学家政学部　准教授〈観光学・家政学・生活経済学〉
矢野　英昭（やの　ひであき）宮城大学　大学院生〈事業構想学〉
山下　晋司（やました　しんじ）編集代表者

《検印省略》

平成25年 3 月25日　初 版 発 行　　　略称：復興ツーリズム

復興ツーリズム：観光学からのメッセージ

編　　者　©　総合観光学会
発 行 者　　　中　島　治　久

発行所　同 文 舘 出 版 株 式 会 社
東京都千代田区神田神保町 1 -41　　〒101-0051
営業（03）3294-1801　　編集（03）3294-1803
振替 00100-8-42935　http://www.dobunkan.co.jp

Printed in Japan 2013　　製版：一企画
印刷・製本：萩原印刷

ISBN 978-4-495-38231-5